Helmut Donat ist 1947 in Naensen im Kreis Bad Gandersheim geboren, in Wolfsburg großgeworden, Bankkaufmann und Lehrer gewesen und heute als Verleger, Historiker und freier Autor tätig. Er hat den Arbeitskreis Historische Friedensforschung mitgegründet und zahlreiche Veröffentlichungen zur Geschichte des deutschen Pazifismus und Militarismus, zum „Historikerstreit", zur „Wehrmachtsausstellung", zum Kontinuitätsproblem der deutschen Geschichte, zu den Ursachen und Folgen des Nationalsozialismus sowie zum Völkermord an den Armeniern herausgebracht. Für sein verlegerisches Engagement und publizistisches Wirken ist er mehrfach ausgezeichnet worden, u.a. mit dem Carl von Ossietzky-Preis der Stadt Oldenburg.

Helmut Donat

Wider den fragwürdigen Umgang mit der Vergangenheit

Theodor Lessing und
die Umbenennung der
Hindenburgstraße in Hannover

Donat ◢◣ Verlag

Bibliografische Information der Deutschen Bibliothek
Die Deutsche Bibliothek verzeichnet diese Publikation in der
Deutschen Nationalbibliografie; detaillierte bibliografische
Daten sind im Internet über http://dnb.ddb.de abrufbar.
ISBN 978-3-949116-10-0

Der Hintergrund des Titelumschlages zeigt die verglüh-
ten Schienen, die im Krematorium des Konzentrations-
lagers Sobibor als Roste für die Verbrennung von Juden
verwandt worden sind. Die Porträt-Zeichnungen von
Theodor Lessing aus dem Jahre 1926 stammen von
Emil Stumpp. Der Holzschnitt „Das neue deutsche Frie-
denssymbol" ist von Hans Gerner, abgedruckt in der
pazifistisch-föderalischen Wochenzeitung „Die
Menschheit" vom 8. Mai 1925. Das Foto auf Seite 7
ist dem Buch von Ekkehard Hieronimus, „Theodor Lessing · Otto Meyerhof · Leonard Nelson. Bedeutende
Juden in Niedersachsen", Hannover 1964, entnommen. Die Bilder auf Seite 49 stammen aus dem Buch
von Frieder Riedel, „Das Gesicht des Krieges – Le
visage de la guerre – The Face of War. Kriegsfototagebuch des Leutnants Armin Stäbler", Leinfelden-Echterdingen 2006; der Abdruck erfolgt mit freundlicher
Genehmigung von Frau Heike Riedel.

© 2022 by Donat Verlag
Borgfelder Heerstraße 29 D-28357 Bremen
Telefon: (0421) 1733107
E-Mail: info@donat-verlag.de
Alle Rechte vorbehalten
Umschlaggestaltung: Toni Horndasch, Bremen
Druck: Dardedze holgrāfija GmbH, LV-1073-Riga

Inhalt

Theodor Lessing

Theodor Lessings Behandlung in Hannover und die deutsche Erinnerungskultur

Theodor Lessing hat sich – und andere – nicht geschont. Manch einem ist das unter die Haut gegangen. Ehrverletzend ist er jedoch nie gewesen. Sein Anspruch war hoch, und viele konnten ihm nicht das Wasser reichen. Das ist ihm verübelt worden. Er sah sich nicht auf der Welt, um anderen zu gefallen oder nach dem Munde zu reden. Von dem Recht, seine Meinung frei zu äußern, hat er reichlich Gebrauch gemacht. Es ist ihm abgesprochen worden. Weil man seine Worte nicht hinnehmen wollte und sie zu ertragen ablehnte, hat man ihn verfolgt und ihm schließlich das Leben genommen.

Ein lange vor ihm Ermordeter, der Marineoffizier und Kapitänleutnant a.D. Hans Paasche (1881-1920), schrieb: „Sie töten den Geist nicht!"[1] Nun tritt Theodor Lessing, an seinem 150. Geburtstag, erneut vor uns hin mit seinen seit langem vergriffenen Erinnerungen „Einmal und nie wieder". Er bringt uns sein Leben nahe, wie es selten einer getan hat. Sein Versuch, den Werdegang eines geistigen Menschen zu deuten, bleibt, auch wenn Hans Mayer zurecht auf Übereinstimmendes mit den Jugendgeschichten von Marcel Proust, Franz Kafka und Peter Weiss verweist,[2] einzigartig. Nicht zuletzt zu dem Werdegang und Schicksal H. Paasches gibt es erstaunliche Parallelen, wenn dieser zum Beispiel schreibt: „Ich habe, wie alle freien Deutsche – dies Wort ist *contradictio* – keine Jugend gehabt. Knechtsgeist umwehte meine Kindheit; nicht leben sollte ich, nicht lieben, weil die Unfreien und Feigen, diese vorige Generation, den ganzen Hass der Unerlösten als Erziehung auf mein aufblühendes Leben warfen, bis sie in ihrer Teufelei mich gerade für gut hielten, für ihre Narrheiten in den Tod zu gehen. Ich verkörpere deutsches Schicksal. Aber ich lebe, trotz alledem. Über einer Gruft, in Pestgeruch, während das Scheusal, das an meinem Lebensglück fraß, noch atmet, grinst, verdaut."[3] Wer hat sich im ausgehenden 19. und beginnenden 20. Jahrhundert jemals in deutschen Gefilden so aufrichtig und redlich wie Lessing bemüht, nichts zu beschönigen – selbst auf die Gefahr hin, seinen Gegnern und Feinden durch das Bekennen eigener Schwächen und Peinlichkeiten in die Hände zu spielen?[4]

Die Stadt, in der Theodor Lessing aufwuchs, lehrte und lebte und die er trotz vieler Gemeinheiten und Unzumutbarkeiten liebte, hat ihn verstoßen, nie wirk-

lich heimgeholt und ihn bislang nicht als bedeutenden Sohn der Stadt aner-
kannt. Obwohl er sich um sie verdient gemacht hat, blieb er ein Fremder in ihr
wie im gesamten Deutschland. Statt ihn zu ehren und ihm und seinem Wirken
eine wirkliche Heimstatt zu geben, begnügt sich die Stadt mit kaum mehr als
dem Nötigsten. Studenten haben nach Lessing ein von ihnen verwaltetes und
benutztes Gebäude benannt. Der Allgemeine Studentenausschuss beantragte im
November 2005, der Universität Hannover den Namen von Theodor Lessing
zu geben, doch sprachen sich bei der Urabstimmung im Januar 2006 63,4 %
der Studierenden dagegen aus. Man ist versucht zu sagen: Das kommt davon,
wenn man jahrzehntelang kaum etwas für die Vergegenwärtigung eines Nazi-
Opfers getan hat.

Wohl waren immer wieder Einzelne in Hannover bestrebt, Lessings Bedeutung in Erinnerung zu bringen. Dazu gehören in Hannover seit den 1950-er
Jahren Henning Rischbieter, Ekkehard Hieronymus und Hanjo Kesting, die
sich auch an der Herausgabe der Ausgewählten Schriften von Th. Lessing in
meinem Verlag beteiligten. Hinzuweisen ist auch auf den Marxistischen Arbeitskreis, der sich unter der Leitung des ehemaligen Lessing-Schülers und
damaligen IG Metall-Bezirksleiters Otto Brenner in Hannover in den 1950-er
Jahren konstituierte. Mit dabei waren Schüler von Th. Lessing und Adolf Grimme als Teilnehmer der Volkshochschulkurse in Hannover in den 1920-er Jahren um Karl Hölzer, Otti Barche, Adolf Heidorn und Karl Wichert. Sie prägten
als Gewerkschafter und Sozialdemokraten Hannover nach 1945 mit. Zum 80.
Geburtstag von Lessing sprach in diesem Kreis ihr Freund und Mitstreiter Walter Fabian. Der Jungsozialist, Pazifist und Mitbegründer des Bundes Entschie-
dener Schulreformer gehörte 1931 mit ihnen und Willy Brandt zu den Grün-
dern der Sozialistischen Arbeiterpartei. Sie waren damals verwundert darüber,
dass Lessing ihnen dabei nicht folgte und bei aller Kritik mit seiner Frau Mitglied der SPD blieb. An diese Tradition knüpfte der Kreis um Egon Kuhn seit
den 1970-er Jahren in Verbindung mit der IG Metall und „Arbeit und Leben"
in dem Freizeitheim Linden an, dabei unterstützt von Jürgen Seifert und Jörg
Wollenberg mit Veranstaltungen über „Vergessenes, Verdrängtes oder gar Un-
terdrücktes im Raum Hannover". Dazu gehörten auch Abende aus Anlass des
100. Geburtstages von Theodor Lessing. Doch blieben solche Initiativen in der
niedersächsischen Landeshauptstadt stets folgenlos. Selbst als die „Theodor
Lessing-Stiftung" ab 1997 drei Bände zu wichtigen Aspekten von Lessings

Schaffen großzügig förderte, ergänzt um die Drucklegung des Vortrages „Der Prophet" von Günter Kunert, hielten sich die Universität und Bildungseinrichtungen, die Museen und Parteien, der Rundfunk und viele Akademiker zurück und taten nichts bis wenig, um Lessing bekanntzumachen. Geradezu vernichtend fällt Rainer Marwedels Urteil aus. In der von ihm im Luchterhand Verlag 1986 herausgegebenen Auswahl von Essays und Feuilletons Theodor Lessings, erschienen unter dem Titel „Ich warf eine Flaschenpost ins Eismeer der Geschichte", schreibt er: „Dass über fünfzig Jahre nach Lessings Ermordung durch die Nationalsozialisten, an deren ideologisch-atmosphärischer Einstimmung Stadt und Land Hannover in den zwanziger Jahren in nicht unbeträchtlichem Maße involviert waren, in seiner Heimatstadt niemand sich für die Wiedergutmachung begangener Schuld zuständig fühlt, von Absichtserklärungen abgesehen, ist ein Skandal, der durch diese Notausgabe einiger wichtiger Texte noch nicht beigelegt sein kann." So sehr diese Einschätzung zutreffen mag, vernachlässigt sie jedoch, indem sie jedwede Erinnerungsinitiative für Theodor Lessing als bloße „Absichtserklärung" begreift, dass das Engagement für die Vergegenwärtigung von dessen Anliegen, in einer Zeit vorgebracht, in der man nichts von Lessing wissen wollte, als etwas Besonderes zu betrachten ist. Und ist dabei nicht zuletzt der Umstand, dass Theodor Lessing in Hannover heute kaum mehr vergessen sein dürfte als anderenorts, zu berücksichtigen? Und ist nicht gerade deshalb die Tatsache, dass Einzelne oder kleine Gruppen nicht dem Mainstream entsprochen haben, zumindest anzuerkennen?

Seit September 2006 trägt die Volkshochschule Hannover die Namen von Ada und Theodor Lessing, und der dazugehörige Platz ist nach dem Philosophen benannt, wenngleich niemand hier wohnt. Eine Tafel erläutert, dass er Mitbegründer der Volkshochschule, Professor an der Technischen Hochschule gewesen und im Exil in Marienbad von Nationalsozialisten ermordet worden ist – kein Wort hingegen erinnert an das ihm angetane Unrecht (öffentliche Ächtung und Behandlung wie Freiwild, Entzug der Lehrbefugnis, Kürzung des Gehaltes, schließlich Wegfall jeglicher Bezüge und Pensionsansprüche). Im selben Jahr hat sich die „Theodor Lessing-Stiftung" in Hannover in „Gundlach Stiftung" umbenannt (2006), ist aber ihrem Engagement treu geblieben, wie der Internetdarstellung der Stiftung zu entnehmen ist.[5]

Seit Oktober 2011 können Bürger vor dem ehemaligen Wohnhaus des Ehepaares Lessing in Hannover-Anderten über zwei in der Straße „Am Tiergarten" verlegte Steine „stolpern". Wer aber geht dahin? Am 30. August 2015 bot der SPD-Ortsverein Südstadt-Bult einen Rundgang mit Lesungen von Texten Theodor Lessings an. 2016 hat der Ortsverein Anderten der „Arbeiterwohlfahrt" (AWO) vor dem Haus von Theodor Lessing in Anderten, wo auch ein Weg seinen Namen trägt, eine Gedenktafel aufgestellt. Fritz Kracke, damals Vorsitzender des AWO-Ortsvereins Anderten, veranlasste 2010/11 ein jeweiliges Gedenken zum 30. bzw. 31. August. Die letzte Veranstaltung fand am 31. August 2021 u.a. mit Jens Binner von dem „ZeitZentrum Zivilcourage", Bürgermeister Thomas Hermann, der SPD-Bundestagsabgeordneten Kerstin Tack, SPD-Bezirksbürgermeister Klaus Dickneite sowie F. Kracke als Rednern statt. Bürgermeister Herrmann ließ es sich nicht nehmen, die „Stolpersteine" für Ada und Theodor Lessing zu putzen.[6] Seit 2003 verleiht die Deutsch-Israelische Gesellschaft Hannover in Abständen von 2 bis 3 Jahren einen Theodor-Lessing-Preis für aufklärerisches Denken und Handeln. Dabei geht es aber weniger um die Bedeutung von Lessing und dessen Werk, im Vordergrund steht vielmehr das Engagement und der Einsatz von Persönlichkeiten für das Lebensrecht des Staates Israel und damit zusammenhängende Fragen. Erwähnenswert ist des Weiteren, dass R. Marwedel Vortragsveranstaltungen in Hamburg und Hannover durchgeführt hat.[7]

1998 hat die Volkshochschule Hannover in Verbindung mit der Landeszentrale für politische Bildung anlässlich des 75. Jahrestages der Ermordung Lessings eine Fahrt nach Marienbad veranstaltet, mit dabei auch einige Teilnehmer aus Bremen. Mit einem Kranz wollte man an Lessings Grab dessen Werk und Wirken würdigen. Das ist jedoch nicht möglich gewesen, weil die Zeremonie an einem Sabbat stattfinden sollte und der jüdische Friedhof geschlossen war. Der Kranz wurde dann an dem Marienbader Haus, in dem Lessing gewohnt hat und wo seit 1958 eine Gedenktafel an die Bluttat vom 30. August 1933 erinnert, zurückgelassen. Immerhin: Oberbürgermeister Herbert Schmalstieg war aus Hannover extra angereist – eine wohltuende, leider einzigartig gebliebene Geste. Warum ist es bislang die einzige Fahrt eines Stadtoberen an das Grab Theodor Lessings geblieben?

Ein halbes Jahr zuvor in den Niedersächsischen Landtag gewählt, hat sich die Ärztin Dr. Thela Wernstedt anlässlich der Wiederkehr des 80. Jahrestages des Ermordeten mit einer Freundin Ende August 2013 nach Marienbad aufgemacht und am Grab des Philosophen zu seinen Ehren einen Kranz des SPD-

Theodor Lessings Grab am 30. August 2013 mit dem Kranz des SPD-Unterbezirks Region Hannover und dem Blumengesteck des SPD-Ortsvereins Südstadt-Bult – Foto: Thela Wernstedt

Unterbezirks Region Hannover und ein Blumengesteck des SPD-Ortsvereins Südstadt-Bult hinterlegt.[8] Niemand hat darüber berichtet – und doch haben die beiden Frauen, ohne bei einem wichtigen Vertreter der Volkshochschule Hannover Verständnis zu finden, für Lessing eine Lanze gebrochen. Hat jemand in Hannover daran gedacht, dem Beispiel der beiden Frauen anlässlich des 150. Geburtstages von Theodor Lessing zu folgen und vielleicht sein Grab neu herzurichten?

Im Sommer 2019 setzte ich mich mit der Volkshochschule Hannover in Verbindung und bot ihr an, von den in meinem Verlag erschienenen Bänden Theodor Lessings einige kostengünstig zu erwerben. Auf Bitte des sich dafür zuständig erklärten Mitarbeiters sandte ich ihm per Mail am 18. Juli 2019 eine Übersicht zu den Titeln etc. Eine Antwort darauf ist nie erfolgt.

Mit einer lebendigen Erinnerungskultur an Theodor Lessing hat all das wenig zu tun. Eintagsfliegen und ein paar Schwalben machen eben noch keinen Sommer. Einzelinitiativen sind hilfreich und sinnvoll, aber mehr als ein Rinnsal im breiten Strom des Vergessens und Totschweigens stellen sie nicht dar. Gedenktage sind wie Muttertage. Man hält inne, kauft ein paar Blumen, bringt sie vorbei oder beauftragt einen Versandhändler. Eine sicher gut gemeinte Geste – und am nächsten Tag macht man weiter wie zuvor. Ändern tut sich dadurch kaum etwas oder nichts.

Es ist wie mit dem Auschwitz-Gedenktag am 27. Januar. Viele Veranstaltungen finden statt, Reden werden vorgetragen, Presse, Rundfunk und Fernsehen berichten. Viele Städte warten mit Programmen auf, voll gefüllt mit Lesungen, und bieten in der Zeit von Januar bis Ende März/Anfang April Vorträge, Ausstellungen, Podiumsdiskussionen, Filme etc. an. Man hat den Eindruck, es wimmelt nur so von „Erinnerungskultur". Doch der Schein trügt. Vieles ist schlecht besucht, oft trifft man bei verschiedenen Abenden dieselben Leute. Von einer Großstadt mit über 500 000 Einwohnern nehmen an den Veranstaltungen – wenn es hoch kommt – insgesamt wohl kaum mehr als 2 000 Menschen teil, also etwa 0,4 % der Gesamtbevölkerung.

In der Bremer Innenstadt fand in der Kirche „Unser Lieben Frauen" eine von der „Aktion Sühnezeichen – Friedensdienste" organisierte Ausstellung „Die Kinder von Auschwitz" vom 3. bis 25. November 2021 statt. Damit verbunden war ein Begleitprogramm, an dem ich mit den in meinem Verlag publizierten Gedichten „Auschwitz – Kinderlieder" beteiligt gewesen bin. Wohl deshalb hat mich Anna Behre, Sprecherin der Regionalgruppe Bremen von „Aktion Sühnezeichen", mit einem Dankschreiben bedacht, das ich am 7. Dezember 2021 erhielt. Darin weist sie darauf hin, dass es „knapp 1 000 Besucherinnen und Besucher" gegeben habe, darunter „etliche Schulklassen". Sie betrachtet das als einen Erfolg und spricht von „bemerkenswert vielen Menschen", die sich die Ausstellung angesehen haben. Die Freie Hansestadt Bremen verfügte im Sommer 2021 über etwa 560 000 Einwohner. Davon sind 1 000 Einwohner etwa knapp 0,18 %. Das deckt sich mit der mehr als vorsichtigen Einschätzung, dass sich weit mehr als 75 % der Deutschen seit Jahrzehnten von Auschwitz verabschiedet haben und nichts weiter damit zu tun haben wollen. Gleichwohl verkündeten nahezu alle Politiker bis vor wenigen Jahren: „Die Deutschen haben ihre Lektion aus der Geschichte gelernt!" Der vielfach wiederholte Slogan diente dazu, eine offenbar weitverbreitete Geschichtsvergessenheit selbstbeweihräuchernd zu übertünchen.

Statt Alarm zu schlagen, tut man so – als sei die Welt in Ordnung – und wundert sich über den zunehmenden Rechtsextremismus, Antisemitismus und die wachsende Gewaltbereitschaft. Die „Erinnerungskultur" hat sich eingerichtet, „verwaltet" sich längst selbst, orientiert sich in der Regel an gouvernementalen Vorgaben und verschließt sich damit allzu weitgehend der Kritik an ihrer Fokussierung an dem Zeitraum von 1933 bis 1945. Wann hat man je die Bundeszentrale oder die mit ihr verbundenen Landeszentralen für politische Bildung Protest erheben hören darüber, dass große Teile der Bevölkerung kein Interesse an der Beschäftigung mit der deutschen Vergangenheit haben?

Selbstverständlich ist jede Initiative, die sich der Erinnerung an NS-Opfer annimmt, zu begrüßen, aber das institutionalisierte, gebetsmühlenartig wiederkehrende Bekenntnis zu einem „Nie wieder!" kann das, was Menschen wirklich bewegt und ihr Denken und Handeln bestimmt, nicht ersetzen.

Wann hat in den letzten Jahrzehnten in Hannover jemals eine Buchhandlung anlässlich der Erinnerung an die Bücherverbrennung vom 10. Mai 1933 Theodor Lessings und seiner vom NS-Regime verbotenen Werke gedacht? Wie oft hat die Volkshochschule Hannover in den letzten Jahrzehnten in ihren Kursen den „Fall Lessing" thematisiert und mit dem „Fall Hindenburg" in Verbindung gesetzt? In welcher Weise und in welchem Umfang ist in den letzten Jahrzehnten in den Gymnasien Hannovers im Zusammenhang mit der Geschichte der Weimarer Republik der „ Fall Lessing" als ein Vorspiel zu jener Verfolgung behandelt worden, die nach 1933 jeden Kritiker des deutschnationalen und nationalsozialistischen Wertgefüges getroffen hat? Haben die „Grünen" Hannovers jemals Lessings Engagement für Tier- und Naturschutz, Pflanzen- und Lärmschutz gewürdigt und sich gefragt, welche Folgerungen aus seinen Einsichten für den Erhalt des Planeten Erde zu ziehen sind? Und was hat die SPD getan, um sich eines ihrer bedeutendsten Mitglieder der 1920-er Jahre ehrend und nachhaltig zu erinnern?

Paul von Hindenburg und Theodor Lessing in Geschichte und Gegenwart

Die Umbenennung der Straße, die bis auf Weiteres den Namen jenes Mannes würdigt, vor dem Lessing nicht zu Unrecht gewarnt hat, hätte in Hannover nicht ohne den einst so schmählich Verfolgten und Ausgegrenzten stattfinden dürfen. Hindenburg selbst hat sich Lessing gegenüber nicht gerade großzügig verhalten, sondern sogar noch zu dessen an ihn gerichteten und erläuternden

Brief geschwiegen[9] – was vor dem Hintergrund der Hetzkampagne gegen Lessing Bände spricht. Warum sollte der Generalfeldmarschall auch für den Sohn seines Hausarztes Verständnis zeigen – noch dazu für einen Juden, Sozialisten und Pazifisten? Wie Hindenburg wohl die Nachricht von der Ermordung Lessings aufgenommen hat? Getrauert hat er sicher nicht. Gleiches dürfte leider auch für viele Hannoveraner gelten.

Aus dem öffentlichen Bewusstsein hat man Theodor Lessing seit langem gestrichen. Es gibt dafür viele Gründe, schlechte Gründe. Sie liegen im Bereich des teils dieserhalb, teils außerdem. Mit Ausreden ist der Weg, letzten Endes alles beim Alten zu lassen und so zu tun, als sei doch nichts gewesen, schon immer gepflastert worden. Dass man sich irrt, ist menschlich, aber den Irrtum noch zu pflegen oder ihn zuzulassen, indem man ihn beiseiteschiebt, unkenntlich macht oder gar in ihm verharrt, ist verantwortungslos und schändlich.

Es steht zu befürchten, dass wohl auch künftig nichts wirklich Substantielles getan wird, um dem bedeutenden Sohn der Stadt jene Würde zurückzugeben, die sie ihm geraubt hat. Ist jemals ein Bürger in Hannover in den letzten Jahrzehnten oder gar in den letzten Wochen auf den Gedanken gekommen, die Hindenburgstraße nach Theodor Lessing zu benennen? Nein? Warum eigentlich nicht? Ist Lessing immer noch ein zu „heißes Eisen", das man, wenn überhaupt, nur mit einer überaus langen Zange anfasst?

Dass Theodor Lessings Name in der Debatte über die Hindenburgstraße in Hannover bislang nicht einmal gefallen ist, verdeutlicht in hohem Maße, dass der Umgang mit der jüngeren deutschen Vergangenheit und der Frage nach den Ursachen und Folgen einer Politik, die über den Ersten zum Zweiten Weltkrieg und zu den Gaskammern von Auschwitz geführt hat, offenbar in wesentlichen Bereichen nicht wirklich gründlich und angemessen geführt worden ist. Während Hindenburg das nationalistisch-militaristische Deutschland repräsentierte und noch in den 1920-er Jahren behauptete, „kein Volk mit einem Tropfen Mannesmut und Ehre in den Adern wird je sein Dasein und seine nationale Ehre irgendeinem schiedsrichterlichen Verfahren anderer Völker unterwerfen", gehörte Th. Lessing zu den Vertretern und Fürsprechern des anderen, republikanisch-pazifistisch gesinnten Deutschland, das den Frieden durch Recht schaffen wollte, jedweder Politik der Gewalt eine Absage erteilte und Streitfragen durch einen Schiedsspruch zu entscheiden gedachte – und schon gar nicht mit dem sich als untauglich erwiesenen Mittel kriegerischer Selbsthilfe.

Hindenburg dagegen verkörperte die Anschauungen des preußisch-deutschen Militarismus. Im Jahre 1894 gestand er als Oberst, seit seiner Kadettenzeit nie ein Buch in der Hand gehabt zu haben, das von anderen als militärischen Dingen handelte. Auf der gleichen Ebene liegt seine Antwort an die „Literarische Gesellschaft" in Oldenburg, die ihn in seiner Zeit als dortiger Kommandeur eines Regiments (1893-96) bat, einen Abend über das „Nibelungenlied" zu unterstützen: „Er habe als Militär leider nicht die Zeit gefunden, sich mit Literatur zu beschäftigen, und könne daher die Nützlichkeit und den Wert des Abends nicht beurteilen."[10]

Im Ersten Weltkrieg erklärte er: „Wir hassen England" – womit er den England-Hass steigerte. Und: „1866 war ein Zweikampf zwischen Kavalieren. 1870-71 waren wir gezwungen, einen ungezogenen Straßenjungen zu züchtigen, heute aber müssen wir einen Schuft niederschlagen."

Wie wenig Achtung er vor demokratischen Errungenschaften besaß, machte er in einer konservativen Versammlung in Minden am 25. September 1917 deutlich, als er bekundete, „die konstitutionelle Monarchie stehe in freiheitlicher Gestaltung hoch über jeder der feindlichen Republiken." Auch seine Auffassungen über die Kriegsführung zeigen, wie sehr er im militaristischen Denken, gepaart mit deutschem Eroberungswahn, befangen war. Im Oktober 1914 äußerte er: „Der Krieg dauert hoffentlich solange, bis sich alles unserm Willen fügt!" Und nur einen Monat später vertrat er eine Auffassung, die lange vor Hitler auf eine äußerst brutale und aggressive Kriegsmethode verweist: „Je unbarmherziger die Kriegführung, umso barmherziger ist sie in Wirklichkeit, denn umso eher bringt sie den Krieg zu Ende." Und während Europa sich mehr und mehr in ein „Menschenschlachthaus" (W. Lamszus) verwandelte, genoss Hindenburg das Massensterben und schrieb: „Der Krieg bekommt mir wie eine Badekur."

Die hier wiedergegebenen Zitate sind dem von Magnus Schwantje verfassten Flugblatt „Was sagt Hindenburg?" entnommen. Es wurde vom Deutschen Friedenskartell, dem Dachverband der ihm angeschlossenen pazifistischen Verbände und Organisationen der Weimarer Republik, zur Reichspräsidentenwahl im April 1924 herausgegeben und in einer Auflage von 200000 Exemplaren gedruckt. Der Aufruf, Wilhelm Marx, den Vertreter des „Volksblocks" bzw. der Parteien der Weimarer Koalition, und nicht Hindenburg zu wählen, endete ähnlich wie Lessings Artikel mit einer düsteren Prognose: „Wir brauchen aber an der Spitze unseres Staates einen Mann, der aus tiefer eigener Erkenntnis unserer politischen Lage und nach klaren eigenen Plänen handelt und nicht das Werkzeug von Männern werden kann, die selber im Dunkeln bleiben wollen."[11] Obwohl das Flugblatt von M. Schwantje über Hindenburg wesentlich schärfer abgefasst war als die Glosse von Th. Lessing, ist er von nationalistisch-militaristisch und völkisch gesinnten Kreisen nicht attackiert worden. Mit anderen Worten: Es ging zwar in Hannover um Hindenburg, jedoch viel mehr um Lessing, den man sich offenbar bewusst ausgewählt hat, um an ihm ein Exempel zu statuieren. Vor allem war es seine deutliche und kompromisslose Kritik an dem nach 1918 fortwirkenden Militarismus preußischer Provenienz, die ihn in deutschnationalen, völkischen und antisemitischen Kreisen verhasst machte. So bezeichnete er z.b. die von Eduard Spranger verherrlichte preußische Staatsgesinnung als „kulturreaktionäre Gesinnungsknechtung".[12] Damit traf er einen Nerv der kleindeutsch-preußischen Welt- und Geschichtssicht, auf die sich nicht zuletzt die Nazis gründeten und die selbst heute nicht vollständig überwunden ist. Das erklärt auch, warum Th. Lessing sich nach wie vor so wenig geschätzt findet.

Auch Hindenburgs Ansprache an die Hannoveraner Jugend in den beginnenden 1920-er Jahren, die uns Lessing überliefert hat, zeugt von seinem Denken in Gewalt- und Revanchekategorien, denn, so seine Worte, „die Kinder, die hier ‚Deutschland über alles' singen, diese Kinder werden das alte Reich erneuern. Sie werden das Furchtbare, die Revolution, überwinden. Sie werden wiederkommen sehen die herrliche Zeit der großen siegreichen Kriege. Und Sie, meine Herren Lehrer, Sie haben die schöne Aufgabe, in diesem Sinne die Jugend zu erziehen… Und Ihr, meine lieben Primaner, werdet siegreich, wie die Väter waren, in Paris einziehen."[13] Die Erziehung zum Krieg und zum Tod ist also keineswegs eine Erfindung der Nazis oder Hitlers gewesen, bereits Hindenburg und andere Vertreter des preußischen Militarismus neben und vor ihm haben sich dafür ausgesprochen.

Berücksichtigt man, in welch großem Ausmaß das Denken und die Mentalität – abgesehen von dem Zeitraum zwischen Mai 1945 und etwa 1947/48 – nach dem Zweiten Weltkrieg weiterhin auf borussifizierte Standards festgelegt worden ist, verwundert es kaum noch, dass Th. Lessing gestern wie heute so wenig bekannt und geehrt ist. Denn wer in irgendeiner Form „Preußens Gloria" und Hindenburg hochhält, warum sollte der Interesse daran haben, an das erste prominente Opfer der Nazis im Exil zu erinnern?

Prof. Einstein in der Front der Landesverräter
Lessing-Lazarus, Schönaich und Genossen
Sie wollen alle nicht in den Krieg

Titel eines Hetzartikels im „Völkischen Beobachter", 26. Juli 1929

Erschwerend kommt hinzu, dass der mit dem Kalten Krieg und der Gründung der Bundesrepublik einhergehenden und sich durchsetzenden Deutungshoheit jener Historiker, Politiker, Journalisten, Juristen etc., die ihre Mitverantwortung an der Entwicklung zum Dritten Reich oder ihre geistige Mittäterschaft kleingeredet haben, was weit bis in kritische Kreise hinein verheerende Wirkungen gezeugt hat. Nicht zuletzt die Tatsache, dass Theodor Lessing bei der Debatte in Hannover bislang keine Rolle spielt, verdeutlicht, wie wenig das öffentliche Bewusstsein sich aus pazifistisch-republikanischen Traditionen speist oder auf genuin konservative Werthaltungen wie Wahrheit und Recht zurückgreift – einst besonderes Merkmal der „Welfenpartei" und der sich auf sie gründenden Nachfolgeparteien bzw. -vereinigungen.

Während Hindenburg weiterhin in Gewaltkategorien dachte und von dem Gedanken deutscher Größe durch kriegerische Taten geradezu beseelt war, ließ Lessing keinen Zweifel an seiner pazifistischen und antimilitaristischen Haltung. Als die Prager Zeitschrift „Die Wahrheit" sich im Sommer 1929 an eine Reihe von Persönlichkeiten mit der Frage wandte, wie sie sich im Falle eines Krieges verhalten wollen, antwortete Lessing neben Albert Einstein, Kurt Hiller und Paul Freiherr von Schoenaich am schärfsten, indem er, dabei u.a. auf den Militär- und Generalstand abhebend, betonte: „So lange Geschütze gebaut werden, so lange nicht jede Mutter der Kirche oder dem Vaterlande heilig abschwört, ihrem Sohn lieber die Hand abhacken zu lassen, als je zu dulden, dass diese Hand Kriegsdienste tut, solange nicht der Militärstand so verachtet ist wie im alten China, solange der General, auch der größte und siegreichste, auch dem eigenen Volke, nicht gilt als der Verbrechertypus schlechthin, solange glaube ich nicht an ‚Humanität'. Wie ich mich beim nächsten Mal verhalten werde? ‚Frondieren! In dem mir zugänglichen Lebenskreis die Herzen aufwiegeln.'"
Der „Völkische Beobachter" kommentierte in dem Artikel vom 26. Juli 1929 über „Prof. Einstein in der Front der Landesverräter – Lessing-Lazarus, Schö-

17

naich und Genossen – Sie wollen alle nicht in den Krieg": „Professor Lessing-Lazarus ist ein … notorisches Schwein."[14] Die Nazis sprachen aus, was viele dachten. Nicht der Hindenburg-Kritiker war ihnen wichtig, sondern der Pazifist, der sich nach dem Erlebnis des Ersten Weltkrieges dafür entschieden hatte, vehement gegen einen erneuten Waffengang zu opponieren.

Streit um die Hindenburgstraße in Hannover

Wie jeder Mensch verfügte Hindenburg über Stärken und Schwächen, über positive und negative Eigenschaften. Die Antwort darauf, was davon nicht nur im engen persönlichen, sondern auch im öffentlichen Bereich überwogen hat, entscheidet letzten Endes darüber, ob wir die Erinnerung an ihn als wertbeständig ansehen. Vor diesem Hintergrund gelangte der Beirat des Projektes „Wissenschaftliche Betrachtung von namengebenden Persönlichkeiten" in Hannover im Jahre 2018 zu dem Schluss, dass die seit 1965 existierende „Hindenburgschleuse" im Stadtbezirk Misburg-Anderten sowie die Hindenburgstraße im Stadtbezirk Mitte (seit 1916) umzubenennen sind.

Hindenburgstraßen gibt es zwar nicht wie Sand am Meer, aber immer noch viel zu viele. Und auch in anderen Städten hat man begonnen, sich der Frage, ob Hindenburg weiter als Namensgeber für Straßen oder Plätze gelten soll, anzunehmen. Dabei ist es oft zu kontroversen und zum Teil heftigen Debatten gekommen. In Hannover hat das Bezirksamt Mitte im August 2018 die Empfehlung des Projektbeirats aufgegriffen und sich dafür ausgesprochen, dass die einstmals Hindenburg entgegenbrachte Ehrung aufgrund des gewachsenen demokratischen Bewusstseins nicht weiter aufrechtzuerhalten sei und eine antirepublikanisch gesinnte und politisch belastete Persönlichkeit wie Hindenburg eine besondere Hervorhebung im Straßenbild nicht mehr verdiene. Dem Antrag der SPD- Vertreter schlossen sich die Grünen und die Linkspartei an. CDU und FDP stimmten dagegen.

Die CDU trumpfte am 14. September 2018 an ihrer in der Hindenburgstraße gelegenen Zentrale in Hannover mit einem Banner „wirsindhindenburgstraße" auf. Das Boulevardblatt „Bild" tutete ins gleiche Horn und beklagte für die AnwohnerInnen sogar den Verlust von „einem Stück Heimat" – wegen eines Straßenschildes! Eine „Initiative Hindenburgstraße" gründete sich. Ihr Sprecher Ludwig Meyer verlautbarte in der „Neuen Presse": „Geschichte muss aufgearbeitet werden. Sie kann nicht einfach ausgelöscht werden, indem man Straßennamen auswechselt."[15] Auf der Sitzung des Bezirksrats Mitte am 17. September 2018 ging es bereits hoch her.[16] Von Theodor Lessing war nicht die Rede – auch im weiteren Verlauf des Streites nicht.

Die Initiative im prominenten Zooviertel, in dem sich die Hindenburgstraße befindet, sammelte Unterschriften, organisierte Veranstaltungen, wandte sich heftig gegen die Entscheidung des Bezirksamts Mitte und ließ ein Gutachten von Historikern und Juristen erstellen. Ludwig Meyer sandte es im November 2019 an Stadt- und Kulturobere sowie an die Fraktionen des Rates und des Bezirksamtes Mitte. Das Gutachten soll die historische Bewertung des Projektbeirates widerlegen, setzt sich für den Erhalt des Namens Hindenburg ein und plädiert für das Aufstellen einer Informationstafel. Doch der erwünschte Erfolg stellte sich nicht ein.

Am 9. November 2020 beschloss die rot-rot-grüne Mehrheit im Bezirksamt Mitte die Umwandlung des Namens von Hindenburg- in Lotte-Lore-Loebensteinstraße. „Wo derzeit noch ein Politiker geehrt wird, welcher der faschistischen Gewaltherrschaft erheblichen Vorschub geleistet hat, wird künftig eine Erinnerung daran zu finden sein, wohin diese letztlich führte", so der Linken-Politiker Dirk Machentanz.[17] Der Hinweis bezog sich auf Lotte-Lore Loebenstein, am 25. Juni 1932 in Hannover geboren. Ihre Eltern wohnten mit ihr seit Mai 1934 in der Hindenburgstraße. Im August 1937 flüchtete die Familie nach Amsterdam. Mit ihren Eltern ist Lotte-Lore im Mai 1943 in das Konzentrationslager Sobibor verschleppt und dort im Alter von nicht einmal zehn Jahren ermordet worden.

Die „Hindenburgianer" lässt das offenbar ungerührt. Weiterhin von CDU und FDP unterstützt, führt die Initiative ihren Kampf weiter. Ludwig Meyer hat für sie im Juni 2021 Klage beim Verwaltungsgericht Hannover eingereicht. Es geht dabei wohl um vermeintliche Verfahrensfehler, weil die mit der Umbenennung der Straße entstehenden Kosten für die Anwohner nicht berücksichtigt worden seien. Zudem befänden sich in der Straße viele Büros und Geschäftsleute, die ebenfalls zusätzliche Aufwendungen befürchteten und wegen ihrer jeweiligen „corporate identity", zu der die Firmenadresse gehöre, keinen Wechsel des Straßennamens wünschen.

Es ist fragwürdig, ob die Straßenbezeichnung oder Hausnummer wirklich zur Unternehmens-Identität zählt. Zudem: Namen sind Botschaften, und jene die von

Hindenburg ausgeht, dürfte sich eher nachteilig als vorteilhaft erweisen. Mit einer entsprechenden Begründung versehen, könnte es bei den Kunden der Firmen sogar positive Regungen hervorrufen, wenn sie erführen, dass ihre Geschäftspartner sich nicht weiter mit Hindenburg im Briefkopf vertreten sehen wollen. Die „Verabschiedung" Hindenburgs fällt Vielen offenbar schwer – auch anderenorts. Und so gibt es z.b. in Esslingen, einer Nachbarstadt Stuttgarts, ähnliche Bedenken wie in Hannover. Auch hier will man statt einer Umbenennung eine Informationstafel aufstellen. Die beschämend vorgeschobene Erläuterung lautet: Man „wolle die Auseinandersetzung mit der eigenen Geschichte am Laufen halten" – nachdem man jahrzehntelang nichts dafür getan hat! In einem vergleichbaren Sinn argumentiert der Sprecher der Initiative in Hannover. ,In Esslingen heißt es: Die Bewohner müssten ihre Adressen, Briefbögen, Visitenkarten etc. ändern. Auch die Geschäftsleute seien betroffen: „Wir hätten", so der Metzger Rainer Mayer, „alle Rechnungsvordrucke ändern müssen, den Internetauftritt, die Tragetaschen, das Firmenlogo, die Adressdateien, wir hätten umfirmieren müssen und vieles mehr".[18]

Mit republikanischer Traditionspflege hat das nichts zu tun. Warum sich auch damit befassen? Kostet doch nur Geld. Es scheint, als sitze vielen Bürgern das Hemd näher als der Rock. Die Argumentation wirkt auch hier wenig einleuchtend, wenn nicht gar aberwitzig. Man hält einen Mann eigentlich nicht mehr für traditionswürdig – warum eine Tafel aufstellen, wenn an ihm die Zweifel nicht schwerwiegend sind? – will aber seinen Namen nicht weiter missen?

Zu den Motiven der Initiative und dem von ihr veranlassten Gutachten. Offenbar identifiziert sich Ludwig Meyer in einem bedenklichen Maße mit Hindenburg. Es steht außer Frage, dass viele Politiker heute nicht mehr – sieht man einmal von den meisten AfD-Vertretern ab – im deutsch-völkischen und preußisch-militaristischen Fahrwasser schwimmen. Statt einem von Erbfeindkomplexen geprägten, eroberungssüchtigen Revanchedenken anzuhängen, gibt es heute keinen Zweifel mehr an der grundsätzlichen Bereitschaft der überwiegenden Mehrheit der Deutschen, sich mit den europäischen Nachbarn zu verständigen und diese als gleichberechtigte Partner anzuerkennen.

Anderes kommt hinzu. Es gab in der Zeit vor 1933 sehr viele Politiker und Menschen, die nicht den Fehleinschätzungen von Hindenburg unterlagen und das auch aussprachen. Warum orientieren sich Ludwig Meyer und seine Mitstreiter nicht an diesen? Die Antwort darauf ist ebenso einfach wie entlarvend.

Die Deutschen sollen sich bei ihrem Lernen aus der Geschichte Hindenburg zum Vorbild nehmen. Darauf soll die Geschichtsschreibung künftig eingeschworen werden! Jedwede grundsätzliche Kritik an Hindenburg als Verantwortlichem für die Etablierung des „Dritten Reiches" ist damit vom Tisch gewischt und auf die Ebene des Schicksalhaften und der menschlichen Unzulänglichkeiten gerückt. Wer Hindenburg – aus welchen Gründen auch immer – retten will, sich in ihm wiederfindet oder schützend vor ihn stellt, legt die Identifikation mit einem Täter nahe. Das ist neben der Verleugnung Lessings der eigentliche Skandal.

Gutachten für die Beibehaltung des Straßennamens

1. Grundsätzliches

Das Gutachten ist verfasst und getragen von Dr. Manfred von Boetticher, Jürgen Gansäuer, Dr. Klaus Oldenhage und Professor Dr. Thomas Vogtherr. Die Herren haben sich viel Mühe gemacht, ohne jedoch, um es vorwegzunehmen, zu überzeugen. Ihre Stellungnahme umfasst viele Seiten und Fußnoten, während die Ausführungen des Projekts „Wissenschaftliche Betrachtung von namensgebenden Persönlichkeiten" zu Hindenburg, wogegen sich das Gutachten richtet, lediglich mit einer Seite auskommt. Nicht erkennbar ist, wer von den vier Herren für welchen Teil des Gutachtens verantwortlich zeichnet. Warum es bis heute nicht öffentlich zugänglich ist, erschließt sich ebenfalls nicht, handelt es sich doch aus Sicht der Verfasser und Auftraggeber um eine überaus wichtige Stellungnahme. Warum scheut man sich, die jeweiligen Verantwortlichkeiten zu benennen und behandelt es wie eine Geheimschrift? Möchte man vielleicht lieber im Trüben fischen? Zudem spricht es für sich, dass Ludwig Meyer sich nach der Bekanntgabe des Gutachtens publicity-trächtig in der Presse vor einem Hindenburg-Relief abbilden ließ und damit deutlich gezeigt hat, auf welcher Seite auch die Gutachter stehen.[19]

Eine ihrer Methoden ist es, jedes Wort oder jeden Begriff der Darlegungen des Projektbeirats „Wissenschaftliche Betrachtung von namengebenden Persönlichkeiten" (2018), das die Umbenennung der Hindenburgstraße empfiehlt, auf die Goldwaage zu legen, um so die damit verbundenen Aussagen in Zweifel zu ziehen und zurückzuweisen. Dabei greifen sie zu Spitzfindigkeiten und machen aus der Mücke einen Elefanten. Nicht zu verkennen ist die Absicht, einem revisionistischen Geschichtsbild das Wort zu reden. Des Weiteren blenden sie den historisch-politischen Kontext von bedeutenden Entscheidungen sowie von Publikationen darüber aus, was ihrem eigenen Anspruch entgegensteht.

Sprache ist verräterisch, und so erinnert manche Äußerung bzw. Wortwahl nicht zufällig an die Debatte über die Verantwortung der Wehrmacht am Vernichtungskrieg gegen die Sowjetunion. Schon damals suchten Leugner wie der Bremer Politiker Bernd Neumann die Verbrechen der Wehrmacht abzumildern bzw. kleinzureden, indem sie von einer „Verstrickung" sprachen.[20] Hindenburg war aber ebenso wenig wie die Größen der Wehrmacht nicht unschuldig in Schuld verwickelt, er war verantwortlich für die Ernennung Hitlers zum Reichskanzler. Zudem wusste er genau, welches Risiko er damit einging. Wiederholt hat er dem NS-Führer die Macht verweigert, so im August 1932 wie auch noch im November 1932, als er ihm erklärte, mit seiner NSDAP eine parlamentarisch gestützte Regierung bilden zu können, es aber zugleich ablehnte, Hitler präsidiale Vollmachten zu erteilen. Zudem ließ er ihm durch seinen Staatssekretär Otto Meißner schreiben, dass dies sich sonst „zwangsläufig zu einer Parteidiktatur mit allen ihren Folgen für eine außerordentliche Verschärfung der Gegensätze im deutschen Volke entwickeln würde, die herbeigeführt zu haben, er von seinem Eid und seinem Gewissen nicht verantworten könnte."[21] Zu Recht kommentiert der Historiker Dieter Hoffmann: „Eine überaus hellsichtige Einschätzung, die den totalitären Charakter Hitlers und seiner Partei erfasste. Das Wort ‚zwangsläufig' lässt die Aussage als etwas Grundsätzliches erscheinen, die aber nur zwei Monate später nicht mehr aufrechterhalten worden ist."[22] Umso mehr stellt sich die Frage, was Hindenburg veranlasst hat, trotz größter Bedenken Hitler die Reichskanzlerschaft zu übertragen? Das Erläuterungsschild, das die Initiative aufstellen möchte, dürfte also wohl darauf hinauslaufen, dass es sich dabei um die Folge einer Verkettung unglückseliger Umstände handelte.

2. Berufung auf die Historiker Walter Görlitz, Walther Hubatsch und Andreas Dorpalen

Ob und wann Hindenburg in der deutschen Öffentlichkeit und Geschichtsschreibung als senil, fremdbestimmt oder als unabhängig von Beratern und eigenständig galt, dürfte nach wie vor schwer zu beantworten sein. Die Gutachter berufen sich in ihren Darlegungen u.a. auf die Hindenburg-Biografien von Walter Görlitz (1953) und Andreas Dorpalen (1966) sowie auf die Publikation „Hindenburg und der Staat" (1966) von Walther Hubatsch.[23] Was ist davon zu halten? Am 9. Januar 2008 publizierte WELT ONLINE ein Interview von Sven Felix Kellerhoff, Historiker und Leitender Redakteur Geschichte, mit dem Hindenburg-Biografen Wolfram Pyta. Vorab heißt es erläuternd: „Paul von Hindenburg hat Adolf Hitler 1933 zur Macht verholfen. Gemeinhin gilt diese Entscheidung des Reichspräsidenten als ein Zeichen von Alterssenilität und Fremdbestimmung."[24] So ist es auch mir – ungeachtet von Görlitz, Dorpalen und Hubatsch – in den 1960-er Jahren im Schulunterricht vermittelt worden. Die Gutachter aber blenden die weit verbreitete Legende einfach aus und tun so, als seien die Darlegungen von Görlitz etc. Allgemeingut gewesen. Mitnichten war das der Fall, und so erweist sich die Einschätzung der Beiratsempfehlung keinesfalls als falsch, sondern als durchaus plausibel.

Die Berufung der Gutachter auf Görlitz, Dorpalen und Hubatsch ist aber auch aus anderen Gründen fragwürdig. Der in Göttingen und Bonn lehrende Historiker Walther Hubatsch (1915-1984) wurde 1939 Mitarbeiter des NS-Reichsinstituts für Geschichte des neuen Deutschlands. Seine Quellenpublikation über Hindenburg ist, was ihre Zielsetzung und die erläuternden Kommentare betrifft, sehr kritisch zu betrachten. Sie diente, so der Historiker Wolfgang Elz, „einer bestimmten apologetischen Zielsetzung: Die Quellen sollen Hubatschs in der umfangreichen einleitenden Darstellung versuchte Ehrenrettung für Hindenburg absichern und ihn vom Vorwurf befreien, durch die Ernennung Hitlers zum Reichskanzler für deren Folgen mitverantwortlich zu sein".[25]

Des Weiteren ist die Aussage von Hubatsch, dass „das törichte, oft gedankenlos abgeschriebene Wort von der politischen Verschwörung ostelbischer Agrarier in den Bereich der Legende zu verweisen ist", lediglich als bloße Behauptung ohne jedweden Beleg anzusehen. Die Gutachter aber machen sich sein Zitat und damit seine Einschätzung nahezu wortwörtlich zu eigen.[26]

Zudem ignorieren die Hannoveraner Wissenschaftler den historisch-politischen Kontext der Veröffentlichung von Hubatsch. 1966 erschienen, spielte sie eine Rolle im Zusammenhang mit der Frage nach der Verursachung des Ersten Weltkrieges, der deutschen Verantwortung für dessen Entfesselung und ob das Kaiserreich einen Verteidigungs- oder einen Eroberungskrieg führte. Maßgebliche Teile der bundesdeutschen Historikerschaft versuchten, die Forschungsergebnisse Fritz Fischers zu widerlegen oder als anrüchig und falsch hinzustellen. Bis heute hält sich diese Unschuldspropaganda in verfeinerten Formen am Leben. Sie steht in der Tradition derjenigen deutschen Historiker, die der ins Exil vertriebene George W.F. Hallgarten als „Sprossen oder Mitläufer des preußischen und protestantischen Bürgertums, Beamtentums und Professorentums" charakterisiert hat. Zu diesem Kreis zählt Hallgarten Historiker wie Gerhard Ritter, Egmont Zechlin, Hans Herzfeld, Theodor Schieder, Werner Conze, Walther Hubatsch, Hans Rothfels, Karl Dietrich Erdmann und Walter Bussmann. Ihnen sei es gelungen, „den Geist des alten Preußens – wenn auch angepasst, verbrämt, dem Sinn der Zeit gemäß zurechtgestutzt – bis in unsere Zeit hinüberzuretten."[27]

Hubatsch geht mit keinem Wort auf die Vorstellungen der Obersten Heeresleitung (OHL) unter Hindenburg und Ludendorff und ihr größenwahnsinniges Gebaren ein. So verlangten sie in einer Denkschrift an den Reichskanzler vom 14. September 1917 Kriegsziele, die uns noch heute erschauern lassen: Einverleibung des lothringischen Erzbeckens und einen weit darüber hinaus gehenden Geländezuwachs nach Westen; über die Maas-Linie hinaus wirtschaftlicher und politischer „Anschluss" Belgiens mit dem Blick auf die Festlandsküste Englands sowie eine entsprechende Zielsetzung Holland gegenüber; Eroberung Russlands und Schaffung von überseeischen Absatzgebieten in Südamerika, ein Kolonialreich in Afrika und Flottenstützpunkte innerhalb und außerhalb des Kolonialreiches, ebenso eine durch Handelsverträge an ein mit Deutschland verbundenem Dänemark verbesserte maritime Geltung und erhöhte Handelsfreiheit.[28] Dass Hubatsch die annexionistische Pathologie, von der auch die OHL durchdrungen war, unterschlägt, offenbart seine interessegeleitete Parteilichkeit erneut. Und dass die Gutachter ihm darin schweigend folgen, verdeutlicht auch ihre unkritische Haltung.

Zugleich lassen sie die wenig für Hindenburg sprechenden Charakterisierungen weg. So etwa die von Wilhelm Groener am 6. Oktober 1917 in seinem Tagebuch festgehaltene Einschätzung: „Als Mensch ist Hindenburg sicherlich in höchstem Maße verehrungswürdig. Aber Feldherr ist er nicht, und vom Staatsmann besitzt er nicht die geringste Ader. Ohne Ludendorffs Können und Energie würde das Feldherrntum Himdemburgs nicht über das Durchschnittsmaß hinausgehen."[29] Man hat das Gefühl, als behandelten die Gutachter die Geschichte wie einen Steinbruch; sie picken sich das heraus, was in ihr Konzept passt und ihren Interessen entspricht, und was dagegen angeführt werden könnte, lassen sie einfach weg bzw. ignorieren sie.

Walter Görlitz, Schriftsteller, Publizist und der zweite Historiker, auf den sich die Gutachter berufen, leitete ab 1955 das Ressort für Kulturpolitik, ab 1968 das für Zeitgeschichte bei der Zeitung „Die Welt". Auch er war wie W. Hubatsch nicht gerade ein NS-Gegner und ebenfalls bestrebt, Hindenburg zu entlasten. Wie er zu Zeiten des Dritten Reiches dachte, sind folgenden Versen von Görlitz zu entnehmen, die „Der Spiegel" am 11. September 1962 aus der Zeitschrift „konkret" zitierend veröffentlichte:

„Ein Genius ist uns erstanden,
ein Stern am Himmelszelt,
er hat den schwersten Kampf bestanden.
Heil Hitler! Unser Held!"[30]

Über die Hindenburg-Biografie von Görlitz vermittelt uns Arnold Brücher in seiner Besprechung in der angesehenen „Schweizerischen Zeitschrift für Geschichte" ein ganz anderes Bild, als es die Gutachter nahelegen.[31] Der Züricher Historiker schreibt: „Görlitz bürdet die Schuld am Zusammenbruch der Verfassung nicht dem Marschall, sondern – wie dieser selbst das getan hat – den (demokratischen) Parteien auf, die das politische Leben durch ihre Uneinigkeit zerrüttet hätten. Im Einzelnen sucht Görlitz zu zeigen, dass Hindenburg kein einseitiger Freund der ostelbischen Junker gewesen sei, ohne den Leser hierin freilich völlig zu überzeugen. Der Verfasser gibt zu, dass der Marschall die Entstehung der sogenannten Dolchstoßlegende gefördert habe; er billigt ihm aber bei seinem Vorgehen den guten Glauben zu! ... Görlitz rechnet es dem Marschall als Verdienst an, dass er schon seit 1928 planmäßig auf eine parteilose Regierung hingearbeitet habe, und lässt den Vorwurf durchblicken, die Rechtsparteien hätten durch ihre fatale Ungeduld Hindenburgs Plan einer konservativen Restauration in Deutschland verdorben ... Noch größerer Vorsicht befleißigt sich Görlitz bei der Darstellung des Umbruchs 1932/33. Seinem Referat mangelt freilich stellenweise die Übersichtlichkeit. Der Verfasser entlastet Hindenburg weitgehend von der Verantwortung für die Hitlersche Machtergreifung. Statt aber nun dafür Figuren wie Meißner und Oskar Hindenburg schärfer unter die Lupe zu nehmen, nähert sich Görlitz einer deterministischen Betrachtungsweise. Er sucht zu zeigen, dass das demokratische Regime schon 1930 unheilbar erschüttert war. Die Uneinigkeit und Schwäche der demokratischen Parteien habe es dem Präsidenten auf die Dauer unmöglich gemacht, ohne die Nazis auszukommen. Hindenburg habe allerdings beabsichtigt, die unausweichliche Kooperation mit Hitler in den Rahmen einer konservativen Erneuerung des Staates zu stellen. Wenn das nicht gelang, so waren dafür die bedenkenlosen Manöver Schleichers, Hugenbergs und Papens verantwortlich, die Hitler zu weit entgegenkamen. Hindenburg selbst erscheint im Lichte des besorgten Mahners und wohlmeinenden Regisseurs, über den die Entwicklung in tragischer Weise hinwegging. Wenn jemand schuld war, … dann war das im Lichte Görlitz' nicht der alte Marschall, sondern der Pessimist Schleicher. So befand sich Hindenburg, nach Görlitz, 1932 auf verlorenem Posten. Dem alten Herrn blieb nichts anderes übrig, als den Pakt mit Hitler zu wagen. Görlitz weicht der Entscheidung der Frage, ob Hindenburgs Fehler seiner Altersschwäche zuzuschreiben sind, aus. Bedenklicher ist die Schonung, welche der Verfasser der Borniertheit des Hindenburgkreises, trotz einzelner Andeutungen, angedeihen lässt. Die demokratischen Kräfte kommen in diesem Buche im Ganzen zu schlecht weg. So erinnert die Darstellung Görlitz' in vielem an die ominöse Idealisierung, welche die Gestalt Hindenburgs nach dem Ersten Weltkrieg seitens gewisser Rechtskreise erfuhr und der zuliebe auch schwere Missgriffe des Marschalls geflissentlich bemäntelt worden sind." Man fragt sich, wie ist diese Einschätzung mit der von den Gutachtern noch vereinbar, und welchen Wert darf man heute dem Buch von Görlitz noch zumessen?

Zum dritten Kronzeugen der Gutachter: Andreas Dorpalen, deutsch-amerikanischer Jurist und Historiker (1911-1982), ist in Berlin geboren und 1936 in die USA emigriert. Er lehrte 1958-1978 als Professor der deutschen und europäischen Geschichte an der Ohio State University. Die wenigen Hinweise auf seine Biografie legen nahe, dass sein Interesse an Hindenburg nicht darauf beruhte, ihn reinzuwaschen. Entsprechend fallen die von Lew Weinstein am 18. März 2015 geposteten Kommentare zu seinem Buch aus.[32] Danach beschreibt Dorpalen insbesondere die Haltung Hindenburgs in den Monaten vor der Ernennung zum Reichskanzler. Vor Augen geführt wird ein alter, müder Mann, der Politik überdrüssig und ohne Initiative, der die Folgen seiner Entscheidungen nicht immer überblickte und viel zu unkritisch mit den Empfehlungen seiner gleichermaßen uniformierten Freunde wie denen seines Sohnes umging. Weinstein schreibt: „Hindenburg sei nicht mehr zu längerer Konzentration fähig gewesen, vermochte zwar kurzen, prägnanten Berichten zu folgen, döste aber bei langen Besprechungen ein – geriet immer tiefer in ein kompliziertes Netz von Intrigen."[33]Am Ende sei er verwirrt und überwältigt von einer Flut von Informationen gewesen, die sämtlich darauf hinausliefen, dass Hitler die einzige Person war, die Deutschland aus der Krise führen könnte. Weiter heißt es: „Nach Hitlers Ernennung habe Hindenburg weiter vor Hitler kapituliert, indem er alles unterzeichnete, was dieser ihm vorlegte, einschließlich des Ermächtigungsgesetzes, das alle Entscheidungen vom Präsidenten auf den Kanzler übertrug und Hitler die totale diktatorische Macht verlieh ... so wie Hindenburg die Niederlage von 1918 andere auf sich nehmen ließ, ... so distanzierte er sich nun von den Misserfolgen der Weimarer Republik, zu denen er so viel beigetragen hatte."[34]

Das Zitat, auf das sich die Gutachter in ihrem Sinne bei Dorpalen berufen, wird – wie L. Weinstein vor Augen führt – durch Aussagen an anderen Stellen abgeschwächt, was der Leser aber nicht erfährt. Zumindest wirft Dorpalens von Widersprüchen gekennzeichnete Einschätzung Fragen auf. Liegt hier vielleicht ein Übertragungs- bzw. Übersetzungsfehler vor? Angesichts der ansonsten überaus stringenten Argumentation Dorpalens wirkt es jedenfalls eigentümlich, dass er in diesem Punkt ein Stückweit gegen sich selbst zu argumentieren scheint. Davon erfährt aber der Leser nichts. Dort heißt es z.B., Hindenburg sei „wenigstens teilweise verantwortlich" gewesen „für das immer dichter werdende Intrigennetz, das sich um ihn zusammenzog, und aus dem er müde und verstört vergeblich einen Ausweg suchte."[35] Ist das, wie die Gutachter nahelegen, ein Beleg dafür, dass Hindenburg seine Entscheidungen von der hohen Warte einer Unabhängigkeit gefällt hat, die frei war von äußeren Einflüssen?

3. Die Dolchstoßlegende und weitere Schuldabwälzungen – „Sargnagel" der Weimarer Republik?

Die Gutachter monieren den Begriff „Sargnagel" als Kennzeichnung der Dolchstoßlegende und ihrem Anteil am Scheitern der Weimarer Republik. Eine Begründung dafür geben sie nicht. Stattdessen flüchten sie sich auf eine abstrakt-nichtssagende Ebene, was angesichts der Bedeutung der Dolchstoßlüge und ihrer Wirkung wenig überzeugt. Es mangelte Hindenburg an politischem Verantwortungsgefühl, indem er die eigene Schuld an der Niederlage denjenigen anlastete, welche nicht mehr bereit waren, sich und das Leben anderer für Ziele zu opfern, die auf eine deutsche Hegemonie über Europa hinausliefen. Bereits die Zeitgenossen erkannten das Gewicht der Dolchstoßlegende. So warnte z.b. der sozialdemokratische Reichsinnenminister Adolf Kösters in seiner 1922 publizierten Schrift „Fort mit der Dolchstoßlegende": „Solange noch große Teile unseres Volkes glauben, dass wir nur deshalb nicht weiterkämpften, weil Verschwörer, Schlappmacher und Phantasten uns daran gehindert haben, solange wird aus diesem Volk keine Nation. In Deutschland wächst ein neues Nationalbewusstsein auf. Es wird demokratisch sein oder es wird nicht sein. Wenn es sich aus der Dolchstoßlegende nährt, wird es keine Dauer haben."[36]

Mit der Behauptung vor einem Untersuchungsausschuss der Nationalversammlung am 18. November 1919, dass die deutsche Armee „von hinten erdolcht" worden sei und den „guten Kern des Heeres keine Schuld" an der Niederlage getroffen habe, „brach Hindenburg", so der Militärhistoriker Wolfram Wette, „weiterhin eine Lanze für die Unantastbarkeit des Militärs – und verurteilte die zivilen Gewalten zu Störfaktoren und minderwertigen Geschöpfen in einer Welt militärischer Halbgötter. Mit anderen Worten: Er beharrte – trotz der Niederlage – auf dem Nimbus der Unbesiegbarkeit sowie der Dominanz des Militärischen über die Politik – mit verheerenden Folgen, wie sich bald und später zeigen sollte. Fortan benutzten die deutschen Nationalisten die von Hindenburgs Autorität gedeckte Dolchstoßlegende als innenpolitische Propagandawaffe gegen Sozialdemokraten, Juden und Pazifisten, die Hitler später summarisch als ‚Novemberverbrecher' diffamierte."[37]

Die OHL unter Hindenburg und Ludendorff war verantwortlich für die militärische Niederlage Deutschlands und drängte zur Kapitulation. Gleichwohl propagierte Hindenburg die Lüge vom Dolchstoß in den Rücken des Heeres. Das Gerede von den „Novemberverbrechern" und von dem „im Felde unbesiegten Heer" hat hier seinen Ursprung. Jeder halbwegs nationalistische Deutsche glaubte dieser Legende. Wohl gab es Oppositionelle, die auf ein Ende des Krieges hinarbeiteten. Aber sie waren viel zu schwach und vereinzelt, dass von ihnen ein Volk von sechzig Millionen und ein Heer von zehn Millionen hätte infiltriert werden können.[38] Die Niederlage war keineswegs von der Revolution verursacht, sondern diese stellte eine Folge des verlorenen Krieges dar. Zudem verfügten die OHL und Militärs über beste und wirkungsvolle Mittel, oppositionelle Regungen zu unterdrücken. Mit Hilfe der Zensur konnten sie jedwede, ihren

Anschauungen widersprechende Auffassungen verbieten. Wie ein Spinnennetz legte sich die kontrollierte Presseberichterstattung über die Köpfe – ein System von Lügen und Irreführungen, das den wirklichen Kriegsverlauf schönredete und so tat, als sei der Sieg nur noch eine Frage der Zeit. Des Weiteren erlaubte es die vielfach angewandte Schutzhaft, unbequeme Kritiker und Oppositionelle ohne rechtliche Grundlage einzusperren – so z.b. geschehen mit Rosa Luxemburg, Karl Liebknecht und Lilli Jannasch, 1916 Geschäftsführerin des pazifistischen „Bundes Neues Vaterland".[39] Hindenburg gehört also zu den hochgradig Mitverantwortlichen dafür, die das deutsche Volk sowohl während des Krieges als auch danach in die Irre geführt zu haben.

Ebenso stand Hindenburg, so Richard Grelling, „an der Spitze der Schuldlügenschreier".[40] Er stritt nicht nur die sogenannte „Alleinschuld" des Hohenzollernreiches an der Entfesselung des Ersten Weltkrieges ab, er wies auch jede Mitschuld der zivilen und militärischen Reichsleitung ab. Selbstverständlich wandte er sich zudem vehement gegen den Versailler Vertrag und unterstützte die Revisionskampagne gegen das Friedenswerk, das noch heute vielen als ein Racheakt der Siegermächte gilt.[41] Nicht zuletzt die mit dem Lügengewebe entfachte, nahezu in jedes Dorf reichende Propaganda führte zu einer nationalistischen Hochflut, von der die Republik sich nicht mehr erholen sollte. Es stellte sich die Frage, mit welchem Recht eigentlich der Kaiser verjagt worden war und es eine Revolution gegeben hatte, wenn doch die Machthaber des Kaiserreiches keine Schuld traf, die Militärs und das Volk durch den „Dolchstoß" um ihren größten Erfolg gegen seine angriffslustigen und raubgierigen Feinde gebracht worden waren?

Hindenburg leistete durch seine Schuldabwälzungen einen außerordentlichen Beitrag dazu, dass die Deutschen sich nicht von ihrer militärstaatlichen Vergangenheit lösten und psychologisch weiter im Kriegszustand blieben, „im Hass gegen den äußeren und inneren Feind, in Dünkel und Rachedurst".[42] Vor diesem Hintergrund ist gegen den „Sargnagel" nichts einzuwenden, außer vielleicht, dass es eher mehr als einer war. Wie Hindenburg sich aus der Tasche log, war im Sinne preußischer Tugenden nicht gerade „mannhaft". Eher wirkt es politisch infantil und nicht gerade erwachsen, wenn jemand die von ihm zu tragende Verantwortung auf andere abwälzt.

Der konservative britische Historiker John W. Wheeler Bennett bezeichnet Hindenburgs Auftritt vor dem Untersuchungsausschuss denn auch als „eine ärmliche und unerfreuliche Episode und eines Hindenburgs unwürdig". Damit habe er nicht nur „Unheil" angerichtet. Seine Dolchstoß-Erklärung avancierte zu „einem notorischen Slogan und goss viel Öl in die Flammen der Zwietracht, die die Nationalisten anfachten. Sie trug entschieden zu der geistigen Verfassung bei, die später die Kampagne des politischen Mordes hervorrief; unter ihren Opfern waren Erzberger – den Hindenburg selbst überredet hatte, den Vorsitz der Waffenstillstandskommission zu übernehmen – und Rathenau."[43]

Später dementierte Hindenburg, dass er „diesem Erzberger auch nur die Hand gegeben habe" – schreibt ein Mitarbeiter der pazifistisch-republikanischen Wochenzeitung „Das Andere Deutschland" am 22. Mai 1925 in dem Artikel „Wer ist Hindenburg?" Weiter heißt es: „Und wir werden davon sprechen, immer und immer wieder, solange der Mord an Erzberger nicht seine Sühne gefunden hat und solange der Mann, für den Erzberger starb und der ihn dann so schmählich verleugnete, zum Nationalheiligen und zum Leiter unseres Volkes gemacht werden soll." War solcher Einspruch, während der Wahlen zum Reichspräsidenten vorgebracht, unpassend oder verdeutlicht er, wohin es führt, wenn man die Verantwortung für eigene Missetaten anderen aufbürdet?

4. Hindenburgs Verfassungskonformität als Beitrag zum Schutz vor dem „Dritten Reich"?

Ausführlich widmen die „Gutachter" sich der Frage, ob Hindenburg durch den Rückgriff auf Artikel 48 und die Ernennung von Präsidialkabinetten Verfassungsbruch begangen habe. Das mag interessant sein, aber selbst, wenn die Antwort darauf negativ ausfiele, ändert es nichts daran, dass Hindenburg mit der Art und Weise, wie er den Artikel 48 anwandte und die Notstandsverordnungen bzw. -gesetze erließ, das Parlament entmachtete und – wie etwa im Jahre 1930 geschehen – zugleich dafür sorgte, dass dem Reichstag sein Recht, solche Dekrete aufzuheben bzw. rückgängig zu machen, genommen wurde, weil die Regierung nach der Auflösung des Parlaments durch Hindenburg die Verfügungen in verschärfter Form wieder in Kraft setzte. Und dagegen war das Parlament machtlos, weil es nicht mehr bestand. Darüber liest man in den Ausführungen der Gutachter allerdings nichts. Indem sie sich allzu sehr an verfassungshistorischen Überlegungen orientieren, blenden sie den politischen Kontext erneut weitgehend aus. Das gilt nicht zuletzt für die Entscheidungen der Präsidialkabinette, die mit dem Weg ins „Dritte Reich" untrennbar verbunden waren. So verschaffen sie sich eine vermeintliche Argumentationsebene, die es ihnen ermöglicht, Hindenburg zu entlasten. Nur wenig erfährt man daher etwas über die tatsächlichen Hintergründe. So trafen sich General Kurt von Schleicher und der Zentrumspolitiker Heinrich Brüning bereits im Frühjahr 1929, um über eine sogenannte „Hindenburg-Regierung" zu reden, die auf Notverordnungen zurückgreifen sollte.[44] Zunächst aber ging Hindenburgs Neigung dahin, den noch amtierenden sozialdemokratischen Reichskanzler Hermann Müller mit besonderen Vollmachten und dem Instrumentarium des Notverordnungsrechtes auszustatten, wozu auch die Befugnis zur Auflösung des Reichstags zählte. Doch hiergegen wandten sich Schleicher, „dessen Wort im Präsidenten-Palais etwas galt",[45] und auch Oskar von Hindenburg, der Sohn und Adjutant des Reichspräsidenten – offenbar in einem weiteren Gespräch Ende Dezember 1929. Schleicher gab zu bedenken, dass Reichswehrminister Wilhelm Groener in diesem Fall zurückträte. Ihr Argument: Den Sozialdemokraten dürften „diktaturähnliche Maßnahmen" nicht an die Hand gegeben werden; das „Richtschwert des Artikels 48", so Caro und Oehme, solle „vielmehr aufgespart bleiben für die Männer der Rechten".[46] Und Hindenburg stimmte zu – und war damit weitgehend verantwortlich für alles Weitere. Brüning gab sein anfängliches Zögern auf und willigte schließlich am 1. März 1930 ein, unter seiner Führung eine „antiparlamentarische und antimarxistische" Regierung zu bilden, dabei gestützt auf Artikel 48 der Weimarer Verfassung. Motiv für die Einführung eines Präsidialkabinetts war das Bestreben, „die SPD aus der Regierungsverantwortung zu drängen".[47]

Bereits drei Tage nach dem Scheitern Hermann Müllers ließ Hindenburg ihm trotz vorhergehender Zusagen, seiner Regierung die Vollmachten des Artikels 48 zu geben, im Regen stehen und ernannte Brüning zum Reichskanzler. Dem neuen Kabinett gehörten keine Sozialdemokraten mehr an, dafür aber Vertreter der konservativ-reaktionären Deutschnationalen Volkspartei, zugleich Anhänger Hindenburgs. Damit verfügten Schleicher als Protagonist der Reichswehr, Aufrüstung und Militärherrschaft sowie Hindenburg als Republikpräsident und zentrale Gestalt des preußischen Militarismus über einen nahezu überragenden Einfluss auf die Regierung und ihre Entscheidungen. Nach dem Urteil „des Berliner Historikers Henning Köhler war der Reichskanzler nur ,ihr Juniorpartner für die Erledigung der laufenden Geschäfte'. Nach den Vorstellungen des Reichspräsidenten und seiner Berater sollte mit der neuen Regierung eine Rechtswendung vollzogen werden."[48]

Diese Einschätzung aus heutigen Tagen ist bereits am 30. Mai 1930 vertreten worden. Fritz Küster, Herausgeber des „Anderen Deutschland", verdeutlichte in seinem Artikel „Der Hindenburgkreis beherrscht die Situation", dass ein „ebenso aktiver wie ehrgeiziger Kreis von Politikern und Militärs" – dazu zählt er neben Brüning, Gottfried Reinhold Treviranus und Hindenburg die Generäle Groener und Schleicher – sich zwei Ziele gestellt habe: „1. Dezimierung der damals noch einheitlichen Deutschnationalen Volkspartei unter der sturen Führung Hugenbergs, 2. Schwächung der Sozialdemokratie."[49]

Zu den Maßnahmen Brünings zur Bewältigung der Krise gehörten Steuererhöhungen und Einschränkungen bei der Arbeitslosenversicherung, was vor allem die ohnehin gebeutelten Schichten noch mehr belastete. Welche Maßnahmen aber wären getroffen worden, wenn Hindenburg den Sozialdemokraten zur Verfügungsgewalt über den Artikel 48 verholfen hätte – und nicht den Gegnern der Republik? Wären die Wahlen – mit dem Erdrutschsieg für die Nazis – am 14. September 1930 ebenso oder anders verlaufen? Und – so eine weitere Frage – hätte sich Brüning im Frühjahr 1930 nicht ebenso gut für eine Keynesianische Wirtschaftspolitik entscheiden können, durch die die Menschen nicht in die Arme des „Trommlers" getrieben worden wären? Nein, er konnte es nicht, selbst wenn er es gewollt hätte, weil die großagrarisch geprägte Gruppe, die sich um den Reichspräsident scharte, entscheidenden Einfluss auf die Besetzung des Amtes des Regierungschefs besaß – eine Günstlingspartei, deutschnational gesinnt und damit ideologisch vorbelastet, gegen eine Politik des „deficit spending", von der die breite Bevölkerung profitiert hätte, und für einen Wirtschaftsprotektionismus, der vor allem dem kriselnden Großgrundbesitz des Ostens dank eines riesigen Subventionsprogramms zugutegekommen ist!

In den Jahren 1930-1932 verringerte sich die Zahl der vom Reichstag beschlossenen Gesetze von 98 über 34 auf nur noch 5; hingegen wuchsen die präsidialen Notverordnungen im selben Zeitraum von 5 über 44 auf 66 an. Die Sitzungen des Reichstages verminderten sich von 94 über 41 auf 13.[50] Die Bilanz verdeutlicht, dass wir es mit einer Macht- und Herrschaftsausübung zu tun haben, die weit entfernt ist von damals verbreiteten Gepflogenheiten in Frankreich, Belgien, Dänemark oder anderen europäischen Staaten mit demokratisch verfassten Regierungsformen. Die Gewaltenteilung existierte in deutschen Landen faktisch nicht mehr bzw. bestand nur noch in einem äußerst geringen Maße. Die Exekutive und Legislative lagen weitgehend in den Händen des Reichspräsidenten und des von ihm bestimmten Reichskanzlers. Zunächst tolerierte die SPD aus Furcht vor einer NS-Regierungsbeteiligung das Notverordnungskabinett Brüning und dessen Vorgehen. Nach dem Sturz Brünings verstärkten sich aber die an diktatorische Verhältnisse erinnernde Maßnahmen zusehends. Schon am 30. Mai 1931 konstatierte F. Küster in seinem bereits oben zitierten Artikel im „Anderen Deutschland": „Die Vertreter des Schwertglaubens stehen mächtiger und geschlossener denn je da. Eine Reaktion hebt an auf allen Gebieten, wie wir sie vor 1914 nicht schlimmer gekannt haben." Der Rechtstrend, dem Hindenburg seinen Segen gegeben hatte, breitete sich weiter aus – und dafür war er als Reichspräsident in hohem Maße mitverantwortlich. Insofern war er nicht nur ein „Steigbügelhalter" Hitlers, sondern ein Totengräber der Weimarer Republik. Statt sich der Rechtsentwicklung entgegenzustemmen, hat er, der Republikpräsident und einstige wilhelminische Feldmarschall, sie gefördert.

5. Gegner der Nazis und des Militarismus – Paul von Hindenburg oder Theodor Lessing?

Theodor Lessing, der schon früh vor den mit der NS-Bewegung verbundenen Folgen warnte, hat das genau beobachtet und beschrieben. So etwa in seinem Artikel „Wie es kommen wird", veröffentlicht am 19. Juni 1932 im „Dortmunder General-Anzeiger", der größten pazifistischen Tageszeitung in der Weimarer Republik. Seine Prognose: „Wir können mit der Parole ‚Deutschland erwache' das Volk einschläfern. Nie wird so viel getrommelt als dann, wenn man die Ruhe des Friedhofs will. August 1914 wurde ein Volk in den Tod getrommelt; heute wird wieder in den Tod getrommelt." Ebenso hat Lessing schon vor dem 30. Januar 1933 erklärt: Wer Hitler wählt, wählt Krieg![51]

Dass zwischen Hindenburg und Lessing Welten lagen, der Reichspräsident nichts gegen den Judenhass tat und er den nationalistisch-militaristischen Irrweg der deutschen Geschichte und Politik durch Reden und Auftritte förderte, daran kann es keinen Zweifel geben. So gehörte er dem größten deutschvölkischen Wehrverband, dem „Bund der Frontsoldaten", auch „Stahlhelm" genannt, als Ehrenmitglied an. Die republikfeindliche Vereinigung verfügte über 7000 Ortsgruppen, die wiederum von „Kameradschaften" getragen waren, vertrat ein rassebewusstes Volkstum, das sich gegen jedwede Ausdrucksformen des Liberalismus, der Demokratie und des Pazifismus wandte, die es aus seiner Sicht wegen ihrer „Verderblichkeit" galt, im Sinne der höheren Weltanschauung des Bundes zu überwinden. Mit seiner Ehrenmitgliedschaft erschwerte es der Reichspräsident den republikanischen Behörden, gegen den demokratiefeindlichen Geist der Stahlhelm-Mitglieder unter den Beamten vorzugehen.[52]

Während Paul von Hindenburg weiter im soldatischen Geist „badete", an seiner Schwertgläubigkeit festhielt und damit vor allem den gewaltbereiten Kräften Vorschub leistete, statt jene Vereinigungen, Parteien und Verbände zu stützen, die sich für den Erhalt und Ausbau der Republik einsetzten, erkannte Lessing schon vor 1933, so Walter Grab, „dass die Juden in Deutschland auf verlorenen Posten standen"[53], und so schrieb er nicht zuletzt auch Hindenburg ins Stammbuch: „In der deutschen Republik, einem Volksstaate, welcher jedem Bürger die Freiheit des Gewissens und den Schutz seiner Ehre verbürgt, geschieht ein Kollektiv-Verbrechen, desgleichen niemals ähnlich dagewesen ist. Denn niemals war es erlaubt, dass die Majorität im Staate die wehrlose Minderheit in Wort und Schrift als hassenswert und parasitär dem Masseninstinkte preisgeben durfte."[54]

Während Hindenburg durchaus mit der Bewegung des „nationalen Erwachens" sympathisierte, hat Lessing sie bekämpft – wohl wissend, dass ihr Weg in einen neuen Weltkrieg führen würde. Vor diesem Hintergrund wirkt es einigermaßen anachronistisch, wenn Bürger eines demokratisch verfassten Gemeinwesens sich an ausgesprochenen Gegnern von republikanischen Wertmaßstäben orientieren – und nicht an jenen, die sich wie Lessing für ein Leben jenseits von Fremdenhass, Intoleranz, Zerstörung und Deutschtümelei eingesetzt haben. Wie die Menschen in den 1920-er Jahren haben wir die Wahl, und ob wir uns für Hindenburg oder Lessing entscheiden: Es sagt etwas über uns und darüber aus, wie wir mit der Geschichte umgehen und was wir aus ihr gelernt haben oder lernen wollen.

Die Gutachter charakterisieren Hindenburg als eine Art ehrlicher Makler, der die Tragweite seiner Entscheidungen stets überschaut habe, aber nicht oder kaum anders zu handeln vermochte, als er es getan hat. Zur Begründung führen sie Erklärungen an, die bei einem genauen Hinsehen wenig aussagekräftig sind und eher einem Allgemeinplatz nahekommen als Hindenburg typisch zu sein. Damit ist die historisch-politische Verantwortung, welche Hindenburg am 30. Januar 1933 und in den Wochen und Monaten danach auf sich geladen hat, mehr oder minder bagatellisierend beiseitegeschoben. Dabei reicht allein schon die Tatsache aus, dass er, sieht man einmal von gelegentlichen Einsprüchen und Gesten ab, die Nazis mehr als gewähren ließ, ihm nicht weiter mit einem Straßennamen ehrend zur Seite zu stehen. Die „freiwillige Aufgabe der verfassungsmäßigen Präsidialrechte" sowie die von ihm tolerierte Verfolgung von Männern, so Andreas Dorpalen in seiner Hindenburgbiografie, „mit denen er einst zusammen gearbeitet und deren Politik er mit seinem Namen gedeckt hatte, die warme öffentliche Unterstützung der Regierung mit Aufrufen und Ansprachen, ... das Schweigen gegenüber der Gewalttätigkeit und Gesetzlosigkeit im Lande" ... standen „in schroffem Gegensatz zu seiner früheren Zurückhaltung ...; der Gesamteindruck, den sein Verhalten nach den ersten Wochen der nationalsozialistischen Machtübernahme macht, ist doch der, dass er seinen Frieden mit Hitler und dem Nationalsozialismus geschlossen hatte und ihnen Namen und Ansehen bereitwillig zur Verfügung stellte. Auch hier handelte er offensichtlich aus freiem Entschluss ... Es kann auch nicht eingewandt werden, dass von dem 85-jährigen Greise kein Widerstand mehr erwartet werden konnte. Vielleicht traf das für ein aktives Einschreiten gegen Hitler zu, obwohl der Präsident sich bei der Bildung der Regierung im Januar 1933 zu einem solchen Schritt bereit erklärt hatte, sollte er notwendig werden. Dagegen wäre ein passiver Widerstand – völlige Zurückhaltung und Distanzierung von nationalsozialistischen Kundgebungen – durchaus möglich und körperlich jedenfalls weit weniger anstrengend gewesen als die Teilnahme an den öffentlichen Veranstaltungen der Regierung. Und wenn auch solche Gesten nichts mehr an den bestehenden Machtverhältnissen geändert haben würden, so wäre doch ein solcher Widerspruch bei dem Ansehen, das der Präsident noch immer in weiten Kreisen genoss, psychologisch nicht ohne Bedeutung gewesen. Dass Hindenburg den anderen Weg wählte, bedeutete eine wichtige moralische Stärkung der neuen Machthaber und ist auch von ihnen so angesehen worden."[55] Ohne Hindenburg und dessen Unterstützung sowie die Berufung auf den Hindenburg-Mythos wäre es Hitler vermutlich nicht gelungen, „das deutsche Volk nur mit nationalistischem Gebrüll in den Schlachthof des Zweiten Weltkrieges zu treiben". Besonders klar stellte das Reichswehrminister Wilhelm Groener heraus, der sagte, dass Offizierkorps hätte nie auf Hitler geschworen, „wenn er nicht von Hindenburg gedeckt gewesen wäre".[56]

6. Einseitige Rezeption von Geschichte
und der „Osthilfeskandal"

Die Gutachter stützen sich grundsätzlich auf Autoren und Interpretationen, die ihrem erwünschten Bild von Hindenburg entsprechen. Hingegen ignorieren sie die Darstellungen, Auffassungen oder Einsichten von Historikern, Wissenschaftlern, Kritikern und Zeitgenossen, die sich mit ihren Interessen nicht decken, möglicherweise sogar die von ihnen verurteilten Empfehlungen bestätigen oder gar bekräftigen.[57] So verwundert es zum Beispiel, dass sie neben anderen Titeln auch das Buch von Rudolf Olden über „Hindenburg oder der Geist der preußischen Armee" unerwähnt lassen, vielleicht nicht einmal kennen. Es ist 1935 in Paris erschienen, wurde 1948 wieder gedruckt und ist nochmals 1982 mit einem Vorwort von Werner Berthold im Verlag Gerstenberg in Hildesheim, also nicht gar so weit von Hannover, herausgekommen. Offenbar macht ihr eingeschränktes Wahrnehmungsinteresse sie blind für andere, ihnen aus politischen Gründen nicht genehme Einblicke. So weist R. Olden u.a. darauf hin, dass die Arbeitslosenunterstützung in den Jahren vor 1933 verweigert worden ist, „wo es nur ging".[58] Andererseits erhielten die ostelbischen Großgrundbesitzer und Junker aus dem größten Subventionsprogramm der Weimarer Republik überhaupt, der „Osthilfe", Schulden- und Steuererlasse, große Bargeldsummen und, wo immer es sich ihnen anbot, Vergünstigungen jeder Art. Sogenannte „Notleidende" ließen sich durch andere, als „Treuhänder" eingesetzt, sanieren. „Eine Treuhand wäscht die andere", lautete ein geflügeltes Wort in Ostelbien. Statt den Armen zu helfen und die Kluft zwischen Armen und Reichen zu schließen bzw. erkennbar zu verringern, bediente man bedeutende Vertreter des preußischen Adels mit Osthilfegeldern. Rudolf Olden: „Während alle Löhne gesenkt waren und die Arbeiter kaum noch besser lebten als die Arbeitslosen, wurden Milliarden Mark, aus Steuergroschen gesammelt, von den Rittergutsbesitzern verteilt."[59]

Hindenburg war der „Vater" der „Osthilfe", die Olden als „nicht anderes als ein Raubzug der Großgrundbesitzer gegen den Staat"[60] bezeichnet. Sein Engagement für sie ging einher mit ihrer bevorzugten Behandlung. Heinrich Brüning wie auch Kurt von Schleicher hat Hindenburg infolge ihres Widerstandes gegen die Interessen der Ostelbier den Laufpass gegeben. Als mehr und mehr im Januar 1933 herauskam, in welchem Ausmaß die bedeutendsten Vertreter des preußischen Adels in die skandalträchtigen Vorgänge um die „Osthilfe" verwickelt waren, standen die Zeichen auf Sturm. Mit Osthilfegeldern wurden Güter finanziert, deren Besitzer über rentable Fabriken verfügten, oder Autos gekauft für die Ferien an der Riviera. Hindenburg selbst war in den Skandal durch Eingriffe für Verwandte und mehr oder minder korrupte Profiteure involviert. Das machte ihn angreifbar – und konnte ihm, dem „Mythos von Tannenberg", zum Verhängnis zu werden. Sein Gutsnachbar Elard von Oldenburg-Januschau, der sich von Steuergeldern ein weiteres Gut kaufte, dem Hindenburg das ihm geschenkte Gut Neudeck verdankte, und stets Gehör beim Reichspräsidenten fand, nahm in seinen Reden ungeschminkt vorweg, was später realisiert werden sollte: Man werde dem Volk „eine Verfassung aufbrummen, dass ihm Sehen und Hören vergeht".[61] Neben den skandalösen Vorgängen in der „Osthilfe" sah Hindenburg sich dem Vorwurf der Steuerhinterziehung ausgesetzt, weil er das Gut Neudeck auf den Namen seines Sohnes Oskar hatte eintragen lassen.

In zunehmendem Maße beschäftigte der „Osthilfeskandal" Ende 1932/Anfang 1933 die deutsche Öffentlichkeit und Presse. Ein Ausschuss des Reichstages begann, den Hinweisen auf betrügerische Machenschaften bei der „Osthilfe" nachzugehen. Die Aufdeckung der Missstände und Betrügereien machten auch vor Hindenburg nicht halt. Früher oder später wäre er in Verruf geraten.

Hindenburg selbst hatte nicht nur einen ihm Untergebenen aus dem Ersten Weltkrieg gegen den Willen der preußischen Regierung zum Leiter der Landstelle Köslin ernannt, sondern auch auf dessen Seite in das laufende Untersuchungsverfahren eingegriffen und dafür gesorgt, dass der altpreußisch-großagrarisch wirkende Militär im Amt blieb. Doch war das noch nicht alles. In Verbindung mit den Vorgängen um das Gut Weitenhagen der mit Hindenburg verwandten Familie hat „der Herr Reichspräsident", wie es in einem Brief des Juristen Wachsmann heißt, „auf ein Entschuldungsverfahren aktiv Einfluss genommen".[62] Mit anderen Worten: Hindenburg selbst war Teil des Skandals, hat seine Stellung als Reichspräsident missbraucht und sich korrupt verhalten. Da weitere Enthüllungen drohten, war aus Sicht der ostelbischen Großgrundbesitzer und Hindenburgs alles zu tun, um den damit verbundenen Schaden abzuwenden. Über Elard von Oldenburg-Januschau, Gutsnachbar von Hindenburg, und den Reichslandbund, ihrem Interessenvertreter, übten sie Druck auf den Reichspräsidenten aus. Ohne Bruch der Verfassung gab es aber keine Handhabe, der Presse oder dem Ermittlungsausschuss des Reichstags beizukommen.

Den Ausweg sah Hindenburg in einem Bündnis mit der NS-Massenbewegung, die die Straßen beherrschte und seit langem darauf aus war, die Republik abzuschaffen. Hitlers Gegenleistung für seine Ernennung zum Reichskanzler bestand darin, den Skandal und alle mit ihm verbundenen Untersuchungen zu beenden. Die Hindenburg-Biografen W. Görlitz und W. Pyta spielen den „Osthilfeskandal" herunter. Während Pyta ihn ins Reich der Legende verbannt, behauptet Görlitz, ein „großer Skandal" ließe sich nicht nachweisen. Lediglich seien – „wie bei jeglicher menschlichen Organisation" – „einzelne Missgriffe und unrechtmäßige Bereicherungen" vorgekommen. Er spricht von „26 Fällen angeblicher Missgriffe". Diese seien Anfang April 1933 von dem Osthilfe-Untersuchungsausschuss des Reichstages unter Vorsitz des früheren Reichswirtschaftsministers Albert Neuhaus einer Prüfung unterzogen worden und „ergaben keinerlei Anlass zu Beanstandungen". Und – so heißt es weiter: „Die Ansicht, es habe ein Sturm der Agrarier auf Hindenburg eingesetzt, um die Untersuchungen zu verhindern, Hindenburg habe eingegriffen, damit das Ansehen so vieler altpreußischer Familien nicht besudelt würde, lässt sich nicht halten. Die Siedlungsfrage spielte überhaupt keine Rolle bei der tödlichen Krise des Kabinetts Schleichers mehr."[63] Das Gegenteil ist der Fall. W. Görlitz unterschlägt, dass es sich bei dem Ausschuss um einen unter der Regierung Hitler eingesetzten und nicht um den ursprünglichen handelte. Davon unabhängig begann der Rechnungshof mit seiner Arbeit. Am 1. November 1933 lag die große „Denkschrift des Rechnungshofs des Deutschen Reiches über die Ergebnisse seiner Prüfung auf dem Gebiet der landwirtschaftlichen Osthilfe" vor. Auf nahezu 700 Seiten bestätigte die Behörde die kritischen Schlussfolgerungen der Abgeordneten im Januar 1933 und die Darstellungen in der Presse.[64]

Bei Pyta heißt es abkanzelnd: „Dass Hitler ihm [= Hindenburg] von dritter Seite eingeredet wurde, entbehrt aber jeder quellenmäßig verbürgten Grundlage. Insbesondere die in diesem Zusammenhang kolportierte Behauptung, das Drängen der ostelbischen Großgrundbesitzer habe letztlich den Ausschlag für die Ernennung Hitlers zum Reichskanzler gegeben, ist pure Spekulation", wobei er die Hindenburg-Biografie des DDR-Historikers Wolfgang Ruge als Beispiel anführt, ohne sich mit dessen Ausführungen wirklich zu befassen.[65] Was nicht erwünscht ist, darf nun einmal nicht sein. Denn was Ruge auf den Seiten 397-399, auf die sich Pytas Aussage stützt, ist sämtlich belegt. Keineswegs verbreitet er, wie Pyta nahelegt, unzutreffende oder ungesicherte Informationen, auch keine Gerüchte oder Halbwahrheiten. Vielmehr hat Ruge historische Quellen ausgewertet, weist diese auch genau nach und zieht daraus – wie es die Aufgabe eines Historikers ist – naheliegende Schlußfolgerungen. Man mag mit seiner Interpretation nicht einverstanden sein, aber sie als kolportagehaft zu denunzieren, dürfte unkollegial und zugleich irreführend sein. Um so interessanter ist, was Pyta offenbar unter der Decke halten möchte. Ruge schreibt: „Hindenburg… musste befürchten, dass durch einen Untersuchungsausschuss [bei der Vergabe von Geldern und Hilfsmaßnahmen im Rahmen der ‚Osthilfe‘] zahlreiche Fälle bekannt würden, in denen er sich persönlich der Anstiftung zur Korruption und der Korruption schuldig gemacht hatte. So war beispielsweise der ehemalige Mitarbeiter der OHL und seinerzeitige Osthilfe-Kommissar, Rittergutsbesitzer von Dewitz (der jetzt übrigens in Briefen an Hindenburg ebenfalls dringend forderte, Hitler zum Kanzler zu ernennen), in gesetzwidriger Weise vom Reichspräsidenten begünstigt worden, als er erst einen Hindenburgischen Verwandten allzu reichlich mit Geld bedacht, dann sich selbst gesundgestoßen, seinen Vater saniert und auch auf anderem Wege Staatsmittel veruntreut hatte. Wären diese und ähnliche Vorgänge publik geworden, hätte der Reichspräsident damit rechnen müssen, das zugleich die zahlreichen unverantwortlichen Geldzuwendungen aus dem Staatssäckel, die er seit Jahr und Tag reaktionären Politikern, Standesgenossen und Verwandten hatte zukommen lassen, zum Gegenstand öffentlicher Diskussionen geworden wären. Obwohl deratige Korruptionsgeschenke von Meißner [= Staatssekretär Hindenburgs] und anderen… im Wilhelmstraßenpalais höchst geschickt verbucht wurden, kann man auch heute noch aus den Aktenbänden des Büros des Reichspräsidenten, die die Aufschriften tragen ‚Ostprogramme und Agrarmaßnahmen‘, ‚Dispositionsfonds des Reichspräsidenten‘ oder ‚Eingaben besonderer Art, an denen der Herr Reichspräsident persönliches Interesse bekundet hat‘, ersehen, wie Hindenburg die Steuergroschen der Werktätigen zugunsten adliger Schmarotzer veruntreute. Da finden sich z.B. Vermerke über 10 000 Mark, die die Familie des verstorbenen Generals von Plessen erhielt, über 21 000 Mark, die Berg-Markienen für den Heimatschutzbund Ostpreußen zugeschanzt wurden, über zahlreiche Zuwendungen an abendländische Kulturbünde, Generalswitwen, Horthy-Faschisten usw. usf.“[66]

Dass es sich bei den Verfehlungen Hindenburgs nicht um Bagatell-Delikte handelte, dürfte außer Frage stehen. Gleichwohl lässt Pyta sie außer acht – und schönt damit das Hindenburg-Bild leichtfertig. Hingegen ist Dieter Hoffmann in seinem Buch den Korruptionsvorwürfen nachgegangen. Dabei ist er unabhängig von Ruge zu vergleichbaren Einsichten gelangt. Danach ist die ohnehin weitgehend auf Vorurteilen beruhende Sichtweise Pytas nicht haltbar. Hoffmann zeichnet stattdessen ein überaus differenziertes Bild von Hindenburg vor dem Hintergrund des „Osthilfeskandals".

Exkurs: „Bilderstürmer" und andere Grenzüberschreitungen

Dass Preußentum und Nationalsozialismus eine Verbindung eingingen, war so außergewöhnlich nicht, fußten doch wichtige Elemente der NS-Weltanschauung auf der militärischen Tradition des alten Preußentums (Uniformierung, Autoritätsglauben, Kadavergehorsam, Verherrlichung des Soldaten- und Kriegertums, Denken in Gewaltkategorien). Vor solchem Hintergrund wirkt z. B. die Haltung des „Rundblick", die sich als „Politikjournal für Niedersachsen" versteht und am 30. März 2021 im Streit um die Hindenburgstraße von einem „Sieg der Bilderstürmer" und einer „Unsitte des Zeitgeistes" spricht, aufgemotzt, überheblich und mehr als unangebracht.[67] Der Zungenschlag des „Rundblick" hat mit der Frage, ob Hindenburgs Name weiterhin als Vorbild einer Ehrung in einem demokratisch verfassten Gemeinwesen gelten soll, nichts zu tun und dient dazu, ihn zu einem Opfer und dessen Gegner zu Randalierern zu machen. Die Hetze gegen Lessing aus den 1920-er Jahren lässt grüßen.

Als „Bildersturm" bezeichnet man die Zerstörung von Heiligenbildern und Denkmälern von religiöser, kultureller und politischer Relevanz. Das trifft auf Hindenburg nicht zu, es sei denn, man ginge davon aus, er habe noch heute als Ikone deutscher Größe oder eine Art „Heiliger" zu gelten. Es geht also nicht um einen zerstörerischen, sondern um einen Akt symbolischen Charakters. Im Grunde genommen holt man nach, was nach der Novemberrevolution 1918 hätte geschehen sollen: die Umbenennung der Hindenburgstraßen. Doch solche Vorschläge hatten vor dem Hintergrund des Ebert-Groener-Paktes keine Chance, realisiert zu werden.[68]

Im September 2018 wurden in Hannover gleich vier Straßenschilder entwendet, was zu Ermittlungsverfahren wegen schweren Diebstahls führte. Ob und warum der anonyme Täter vollendete Tatsachen schaffen wollte, ließ sich jedoch

Kein Platz für Nazi-Steigbügelhalter!

Thorak-Büste Paul von Hindenburgs, von Wolfram P. Kastner mit einem Hakenkreuz versehen, im Garten der Familie von Silcher in Dietramszell, 2015 – Der Text auf der Tafel lautet: „Kein Platz für Nazi-Steigbügelhalter! Dieser von dem NaziBildhauer Thorak gestaltete BronzeKopf des Militaristen, Antidemokraten und Steigbügelhalters der Nazi-Bande, Hindenburg, wurde 1939 am Kloster in Dietramszell angebracht (1932 wählten dort 55 % die NSDAP). 1945 wurde dieses Nazi-Bildwerk vor den Amerikanern versteckt, dann wieder von den alten Nazis aufgestellt, 2014 endgültig dort entfernt und den Hindenburgverehrern S. unters Kreuz gelegt. Wolfram P. Kastner, Friedrich Nepmann, Martin Stiefel“

nicht klären. Doch scheinen solche Grenzüberschreitungen in der Luft zu liegen. So erregte z. B. der Münchner Künstler Wolfram P. Kastner 2015 Aufsehen, als er mit zwei Kollegen in Dietramszell/Bayern den 1939 an der Klostermauer angebrachten und von Josef Thorak, dem populärsten Bildhauer im „Dritten Reich", gestalteten Hindenburg-Kopf demontierte und – das alles ganz offen – dem Enkel des Hindenburg-Jagd- und Kriegsgefährten Florian von Schilcher in dessen Garten stellte – versehen mit einer hakenkreuzigen Augenklappe. Die Bürgermeisterin, der Gemeinderat, Trachtenvereine etc. liefen Sturm und wollten den Bronzeschädel sofort wieder anbringen. Doch das scheiterte, weil die Bronze und die Mauer den Salesianerinnen gehört und der Bischof der Erzdiözese München und Freising es den Klosterschwestern aus seelsorgerischen Gründen nicht empfehlen wollte, die Büste wieder am alten Ort anzubringen. Kastner wurde, wie er schreibt „öffentlich symbolisch an einen Galgen gehängt (das ist scheinbar der dort herrschende Galgenhumor), und die Gemeinde eiert seither mit Veranstaltungen und Arbeitskreisen herum und (sie) wissen nicht, was sie tun können, um ihren geliebten Hindenburg wieder öffentlich zu ehren."[69]

Hindenburgs Entscheidung für Hitler

Olden verdeutlicht in seinem Buch den Anteil des preußischen Junkertums und der ostelbischen Großgrundbesitzer an der Zerstörung der Weimarer Republik und an dem Weg ins Dritte Reich – eine bis heute noch weithin tabuisierte Tatsache; sie widerspricht der geradezu zur Staatsräson erhobenen Leitlinie, dass Preußentum und Nationalsozialismus auf Kriegsfuß gestanden hätten, wofür der militärische Widerstand des 20. Juli 1944 als Beweis gilt – in der Regel jedoch ohne einen Hinweis darauf, dass die meisten von ihnen halfen, die Republik zu zersetzen und Hitler zunächst treu zur Seite standen.[70] Das Präsidentenpalais, schreibt Olden, „hatte Hitler so oft zu verstehen gegeben, dass er nicht das Vertrauen des Reichspräsidenten besaß. Jetzt war man gezwungen, ihn zu suchen. Hindenburg musste vergessen, was er über den böhmischen Gefreiten gesagt hatte. Und ebenso, dass Hugenberg ‚kein Herr' war, sondern ein anmaßender Schulmeister. Hindenburg, Hugenberg, Hitler, so sehr jeder den anderen missachtete und hasste, so sehr natürliche Abneigung und jahrelanger Zank sie trennte, waren zusammengezwungen. Sollte das Junkertum erhalten bleiben, so musste es sich den Nationalsozialisten anvertrauen."[71]

Hindenburg hat in einer prekären Lage, von ihm weitgehend selbst mitheraufbeschworen, versagt. Da helfen auch alle Hinweise auf sein Ansehen im Aus- oder Inland nicht weiter. Um der Gefahr zu entgehen, aus seiner Sicht die weiße Weste und das Amt zu verlieren, hat er das Volk einem Rassisten und Verbrecher ausgeliefert – mit verheerenden Folgen für den Frieden in Europa und der Welt.

Auch A. Dorpalen geht in seiner Publikation kurz auf die Enthüllungen im „Osthilfeskandal" ein und erwähnt, dass „Mitglieder der ältesten preußischen Adelsgeschlechter" darin verwickelt waren und „dass Verwandte des Präsidenten von den Unregelmäßigkeiten profitiert hätten, wobei in einigen dieser Fälle Hindenburg selbst die Unterstützungsanträge befürwortet habe."[72] Doch hat Dorpalen die mit dem „Osthilfeskandal" verbundene Sprengkraft nicht erkannt, wenn er auch gesehen hat, wie sehr sich die Feinde Schleichers wider besseres Wissen beeilten, „dem Präsidenten nahezulegen, dass Schleicher die öffentliche Erregung über den ‚Osthilfeskandal' schüre oder wenigstens nichts tue, die Gemüter zu beruhigen." Zu Letzterem war Hitler bereit – wie Dieter Hoffmann in seinem bereits erwähnten Buch zeigt. Je mehr sich der Skandal weiter zuspitzte, desto politisch und gesellschaftlich brisanter wurde die Lage für Hindenburg. Schaden ließ sich nur abwenden, wenn man weitere Enthüllungen des Untersuchungsausschusses des Reichstags unterband und die Presse knebelte, was sich aber ohne Verfassungsbruch nicht machen ließ.[73]

Ein Gespräch zwischen dem Sohn Hindenburgs und Hitlers, das am 22. Januar 1933 im Hause Ribbentrops in Berlin-Dahlem stattfand, bereitete den Coup vor. Aufzeichnungen darüber sind nicht überliefert. Doch worum es ging, dürfte leicht nachvollziehbar sein. Schon Wheeler Bennett kam zu dem naheliegenden Schluss: „Aber was immer der Hauptinhalt der Unterredung gewesen sein mag, bezeugt ist, dass Oskar auf der Rückfahrt in die Wilhelmstraße sehr still war. Er tat nur eine Äußerung. ‚Es lässt sich nicht ändern', sagte er mit einem tiefen Seufzer, ‚die Nazis müssen in die Regierung hereingenommen werden.'"[74]

Hitler wollte Reichskanzler mit allen präsidialen Vollmachten werden. Wohl weniger drohte er, mit der Frage der Steuerhinterziehung von Neudeck eine Anfechtungsklage gegen den Präsidenten zu verbinden. Vielmehr versprach er, die Kritiker der „Osthilfe" in der NSDAP zum Schweigen zu bringen, Hindenburg loyal zur Seite zu stehen und jedweden Anschuldigungen in der Öffentlichkeit unnachgiebig entgegenzutreten. Tatsächlich trieben die Nazis den „Osthilfe"-Untersuchungsausschuss des Reichstages auseinander, beschlagnahmten alle Akten, schalteten die Presse in ihrem Sinne gleich und lösten den Reichstag auf – alles mit Zustimmung Hindenburgs. Wenig später erklärten die neuen Machthaber wider besseres Wissen, es habe sich um falsche Anschuldigungen gehandelt und keine Unregelmäßigkeiten bei der „Osthilfe" gegeben. In seinem Untersuchungsbericht bestätigte der Rechnungshof des Reiches im November 1933 jedoch die zahlreichen Schiebereien und den Missbrauch der „Osthilfe". Die Denkschrift erhielt den Vermerk „Vertraulich behandeln" und landete im Archiv der NS-Regierung. Bereits im August 1933 waren dem Gut Neudeck 5 000 weitere Morgen steuerfrei zugeschlagen worden, und nach dem Tod des Reichspräsidenten beförderte Hitler als Oberster Befehlshaber der Wehrmacht dessen Sohn Oskar zum Generalmajor.[75]

Dass zwischen dem „Osthilfeskandal" und der Ernennung Hitlers zum Reichskanzler ein Zusammenhang bestand, war schon den Zeitgenossen geläufig. Am 30. Januar 1933 lag der fünfzehnjährige Heinrich Böll, so schrieb er 1981 in einem Brief an Kasseler Schüler, „an einer schweren Grippe erkrankt, zu Bett, Opfer einer Epidemie, die meines Erachtens bei der Analyse der Machtergreifung zu wenig beachtet wird. Immerhin war das öffentliche Leben partiell gelähmt, waren viele Schulen und Behörden geschlossen. Ein Schüler brachte mir die Nachricht ans Krankenbett. Die Nachricht von Hitlers Ernennung kam nicht überraschend, Hindenburg war alles zuzutrauen und der ‚Osthilfeskandal' hatte dem ‚ehrwürdigen, greisen Marschall' den letzten, ohnehin minimalen Kredit genommen."[76]

Da D. Hoffmanns Darlegungen bei der Abfassung des Gutachtens noch nicht erschienen waren, mag deren Verfassern dieser Hintergrund nicht klar gewesen sein. Aber durch das Buch sind ihre Mutmaßungen und Erklärungen überholt. Davon unabhängig stellt sich die Frage: Kennt Ludwig Meyer, der sich als linker Sozialdemokrat versteht und in Hannover als Kläger gegen die Straßenumbenennung auftritt, diese Zusammenhänge überhaupt? Vom Verwaltungsgericht dürfte das Gutachten jedenfalls nicht in seine Entscheidungsfindung einbezogen werden können, es sei denn, die Richter stellten sich auf den Standpunkt, dass die Forschungsergebnisse Hoffmanns für sie ohne Belang seien.

Ausgeblendet: Hindenburg als Kriegsverbrecher und Förderer des Nationalismus

Wie jeder Mensch, verfügte Hindenburg über Stärken und Schwächen, über positive und negative Seiten. Die Antwort darauf, was überwogen hat nicht nur im engen persönlichen, sondern im öffentlichen Bereich, entscheidet letzten Endes darüber, ob wir die Erinnerung an ihn als wertbeständig ansehen. Den Empfehlungen des Projektbeirats „Wissenschaftliche Betrachtung von namengebenden Persönlichkeiten" ist zu entnehmen, dass man sich mit Hindenburgs unrühmlicher Rolle im Ersten Weltkrieg nicht beschäftigt hat, was offenbar darauf zurückzuführen ist, dass die Vorgänge, um die es dabei geht, weithin vergessen gemacht worden und deshalb heute kaum noch bekannt oder geläufig sind. Wenn auch die Vorwürfe in den Empfehlungen keine Rolle gespielt haben, seien sie wegen ihrer Schwere vor Augen geführt. Natürlich verlieren auch die Gutachter kein Wort darüber, dass Hindenburg und Ludendoff als Vertreter der OHL, faktisch seit 1917/18 eine Militärdiktatur ausübend, Kriegsverbrecher gewesen sind.[77]

Längst sind nicht alle Bürger der Weimarer Republik dem „Hindenburg-Mythos" erlegen gewesen. So hat etwa Ludwig Quidde in seinem Schreiben vom 16. Juni 1925 an den Senat der Technischen Hochschule Hannover darauf hingewiesen, dass „Millionen von Deutschen" in Hindenburg „nur eine für den Massenmord des Weltkrieges und das Elend der Kriegsopfer verantwortliche Persönlichkeit" sehen würden.[78] Ähnlich urteilt der Jurist Till Zimmermann in dem von ihm und Nikolaus Dörr verfassten Buch „Gesichter des Bösen".[79] Danach war Hindenburg verantwortlich für Verbrechen gegen die Menschlichkeit, ebenso für Kriegsverbrechen, Mord und Freiheitsverrat. Nicht zuletzt auf diesen Untaten beruhten die „Kriegsverbrechen"-Paragraphen 227 bis 230 des Versailler Vertrags. Dass die Auslieferungsbegehren der Ententemächte u.a. gegen Hindenburg, Ludendorff und den bayerischen Kronprinzen Rupprecht erfolglos blieben, war auf die deutsche Schützenhilfe für die Angeklagten in spe zurückzuführen. Die am 7. Februar 1920 von den europäischen Alliierten der deutschen Regierung übermittelte Liste umfasste fast 900 Namen – unter ihnen die als Befehlshaber eingesetzten deutschen Fürsten, führende Truppenkommandeure und Marineoffiziere. Auch Reichskanzler von Bethmann Hollweg zählte zu den Angeklagten. Sie sollten, so die ursprüngliche Absicht, ausgeliefert und vor ein Gericht gestellt werden.

Die deutsche Öffentlichkeit reagierte empört, überschlug sich in Protesten – und stellte sich hinter die Täter. Doch es gab auch eine Minderheit, die nicht mitmachte. Dazu gehörten insbesondere die Unabhängigen Sozialdemokraten (USPD). So prangerte die „Bremer Arbeiter-Zeitung", ein Organ der USPD, die „alten kriegsverbrecherischen Elemente in Deutschland" an. Hintergrund der Vorwürfe stellte die 25. Jahresfeier des Kyffhäuserdenkmals, die, wie das Blatt weiter schreibt, den „Reaktionären aller Schattierungen Gelegenheit zu einem patriotischen Spektakelstück, dessen ‚Glanznummer' eine Kriegervereinsrede Hindenburgs war. Statt dass sich die Veranstalter des reaktionären Rummels still in die Winkel verkröchen und den Hauptredner des Tages als Kriegsverbrecher vor Gericht käme, führen sie in der Öffentlichkeit noch das große Wort. Die Kriegervereine sollen nach ihrem neuen Ölgötzen auch ,unter den anders gearteten politischen Verhältnissen das bleiben, was sie 50 Jahre hindurch gewesen sind, die Träger treuer, hingebender Vaterlandsliebe.' Das heißt, sie sollen das reaktionäre Bollwerk gegen Fortschritt und eines der Machtmittel gegen die kämpfende Arbeiterschaft sein."[80]

In der Kyffhäuser-Tradition steht der deutschvölkisch-nationalistische und rechtsextremistische „Flügel" der AfD, dessen Leitfigur Björn Höcke 2015-2017 die sogenannten Kyffhäusertreffen am Burghof unterhalb des Kyffhäuserdenkmals veranstaltete. Zwar finden die Zusammenkünfte seit 2018 nicht mehr direkt dort statt, doch blieben der Name und die Symbolik weiterhin das Ideal der mit ihnen verbundenen politischen Programmatik. Auch der Aufritt von Hindenburg, Ehrenpräsident des Reichskriegerbundes, im Juni 1921 an dem mythenumwobenen Nationaldenkmal diente der politischen Vereinnahmung und ist vor dem Hintergrund der Legende vom alle hundert Jahre auferstehenden Kaiser Barbarossa zu sehen. Daran knüpfen heute nicht zuletzt die AfD-Ideologen an, wobei sie historisch zurückgreifen auf den immer noch aktiven „Kyffhäuserbund" sowie auf den 1881 gegründeten völkisch gesinnten Kyffhäuserverband der Vereine Deutscher Studenten, der sich gegen die seit 1871 geltende rechtliche Gleichstellung von Juden in Deutschland wandte und keine Studenten jüdischer Herkunft in seinen Reihen duldete. Gründungstreffpunkt auf dem „deutschesten der deutschen Berge" war die Ruine der Rothenburg am Kyffhäuser.[81] Nicht zuletzt die Angehörigen des Kyffhäuserverbandes der Vereine Deutsche Studenten dürften sich in der Hetz- und Rufmordkampagne gegen Lessing hervorgetan haben.

Unrühmlich auch das Verhalten Hindenburgs 1927 bei der Einweihung des Reichsehrenmals Tannenberg – ein „Geschenk des deutschen Volkes" zu seinem 80. Geburtstag – als er es zuließ, dass die jüdischen Frontkämpferverbände, die republikanischen Kriegervereine und das sozialdemokratisch dominierte Reichsbanner nicht teilnehmen durften.[82] Dem Kampf gegen den Antisemitismus und für einen Ausbau republikanischer Errungenschaften war damit nicht gedient. Vielmehr bekannte sich Hindenburg als „Spitzenrepräsentant der Republik zum Ancien régime".[83] Das Tannenberg-Denkmal, „ein bombastischer, festungsartiger Bau aus dunkelrotem Backstein", symbolisierte „den architektonischen ,Geschmack' des ,Dritten Reichs' vorwegnehmend, eine germanische

Zwingburg im eroberten Ostland ... Am Einweihungstage wehten über dem Monstrum schwarzweißrote Flaggen und weiße Fahnen mit dem schwarzen Kreuz des Deutschen Ritterordens, unter dem die Feudalherren des mittelalterlichen Reichs die baltischen und slawischen Völker östlich der Weichsel mit Feuer und Schwert zum Christentum ‚bekehrt‘ hatten ... Unter dem Jubel Zehntausender Angehöriger der Traditionsverbände, nationalistischer Neugieriger und hinbefohlener Schulkinder betrat er [= Hindenburg] durch den seinen Namen tragenden ‚Wehrturm‘ den Hof, wo sich die Standarten der alten Armeekorps zum Feldgottesdiesnt senkten. In der darauf folgenden Begrüßungsansprache des Festleiters wurde dieser ‚Vaterlandstag‘ als ‚befreiende Schicksalswende für den deutschen Orden‘ bezeichnet. Der chauvinistische Taumel von 1914 erlebte – übrigens genau zu dem Zeitpunkt, als Reichsaußenminister Stresemann vor dem Genfer Völkerbund erneut die deutsche ‚Versöhnungsbereitschaft‘ beteuerte – eine Neuauflage."[84] Danach folgte Hindenburgs Rede, mit der er sich erneut sowie voll und ganz in den Dienst der Unschuldspropaganda stellte, indem er erklärte: „Die Anklage, dass Deutschland schuld sei an diesem größten aller Kriege, weisen wir, weist das deutsche Volk in allen seinen Schichten einmütig zurück! Nicht Neid, Hass oder Eroberungssucht gaben uns die Waffen in die Hand ... Reinen Herzens sind wir zur Verteidigung des Vaterlandes ausgezogen, und mit reinen Händen hat das deutsche Heer das Schwert geführt. Deutschland ist jederzeit bereit, dies vor unparteiischen Richtern nachzuweisen."[85]

Die „Rechtfertigung und Beschönigung des verbrecherischen Krieges und seiner Unmenschlichkeiten durch den zum Staatsoberhaupt avancierten Massenmörder" sieht Wolfgang Ruge „als Symptom dafür an, wie weit die Weimarer Republik schon wieder dem Geiste des Militarismus verfallen war."[86] Vor diesem Hintergrund verwundert es nicht, wenn W. Pyta die Hindenburg-Biografie W. Ruges meidet wie der Teufel das Weihwasser. Gleiches gilt für Rudolfs Olden Biografie, die Hindenburgs Charakter und politische Haltung keineswegs leichtfertig aus dem Geist der preußischem Armee ableitet.

Dass sich eine überwiegende Mehrheit der Deutschen gegen eine Anklage Hindenburgs und vieler anderer Persönlichkeiten in hohen Stellungen gewandt haben – und es vielleicht auch heute noch tun – ändert nichts daran, dass es die Verbrechen wirklich gegeben hat. Es führte hier aber zu weit, sie im Einzelnen vor Augen zu führen.[86] Lediglich sei auf die systematische Zerstörung des etwa

125 Kilometer langen und 15 Kilometer breiten, nördlich und südlich der Somme gelegenen Geländestreifens zwischen Arras und Soissons näher eingegangen. Es handelte sich um eine „Frontbegradigung" im Frühjahr 1917 unter dem Decknamen „Alberichbewegung". Frieder Riedel schreibt dazu in dem von ihm 2006 herausgegebenen und verlegten Buch „Das Gesicht des Krieges": „Um das Gebiet zwischen dem alten Frontverlauf und der (neu errichteten) Siegfriedstellung für den Feind gänzlich unbrauchbar zu machen, zerstörten deutsche Pioniere systematisch die gesamte Infrastruktur. Konkret bedeutete dies, sie sprengten jeden Brunnen, jede Brücke, jeden Kirchturm und die meisten Häuser. 280 französische Dörfer wurden so dem Erdboden gleichgemacht. Diese Aktion nannte man Alberich-Arbeit. Man muss als Deutscher im Nachhinein feststellen, dass der Hass der französischen Zivilbevölkerung nach dem Ersten Weltkrieg … maßgeblich auch durch die blindwütige Zerstörung einer riesigen Kulturlandschaft ohne Kampfhandlungen sich entwickelt hat."[87]

Das gesamte Gebiet (etwa 1 800 km^2) wurde in eine öde, tote Wüste verwandelt – bei gleichzeitigem Abtransport aller Einwohner: deutsche Pionierarbeit im Rahmen der von Hindenburg und Ludendorff befohlenen Politik der Verbrannten Erde. Hauptmann Willy Meyer berichtete dazu 1919 in der „Münchener Post": „Es ist lohnend, sich einmal anschaulich in die Lage und Seele der Bewohner zu versetzen … Wir werden dann manche Bedingungen des Friedensvertrages besser verstehen lernen. Es war damals harter Winter, als der Abtransport der Einwohner von Haus und Hof geschah. Alles, alles ging verloren. Es ließ sich auch nicht vermeiden, dass bei der ‚Verschleppung' die Familien getrennt wurden, der Mann von der Frau, die Mutter vom Kinde. Wann und wo mögen sie sich wiedergefunden haben? Sie und ihr Besitztum waren nichts weiter als seelenlose Faktoren im Kriegsplan des großen Generals…Vom menschlichen Standpunkt aus ist die ‚Alberichbewegung' ein fluchwürdiges Verbrechen."[88] Man darf wohl annehmen, dass, hätte man die Verbrecher zur Verantwortung gezogen, weiteren Untaten ein Riegel vorgeschoben worden wäre. Die Weimarer Republik hat nicht mit einer Vergangenheit gebrochen, die es zu bereuen, aber nicht zu rechtfertigen oder gar, wie es nicht zuletzt Hindenburg getan hat, in höchst unbußfertiger Weise zu glorifizieren galt – auch darum ist sie untergegangen. Neues Unrecht wurde dadurch erst möglich gemacht. Desto mehr ist es überfällig, Hindenburgs militärisches und politisches Wirken nicht weiter zu verharmlosen.

Aus dem Bewusstsein und der Erinnerung durch die Unschuldspropaganda getilgt: Deutsche Pionierarbeit (ohne Feindbeschuss) und die „Politik der Verbrannten Erde" im Rahmen der „Alberichbewegung" bzw. der Frontbegradigung und des Ausbaus der „Siegfriedstellung"an der Somme – Oben: Croisilles, 16. März 1917. Unten: Croisilles, ein Tag nach der Zerstörung des Ortes, 17. März 1917

Die überaus sinnlosen Zerstörungen, auf dem Rückzug der deutschen Truppen im Herbst 1918 von Hindenburg und Ludendorff befohlen, waren nicht nur die Hauptursache für die Deutschland im Versailler Vertrag auferlegten Wiedergutmachungsleistungen, sie zeigen darüber hinaus: Von der brutalen Kriegsführung der OHL führt ein nahezu gerader Weg zu den von der deutschen Wehrmacht und den Schergen der Nazi-Organisationen von 1939 bis 1945 begangenen Gräueltaten. Die „Politik der Verbrannten Erde" nahm seinen Anfang im Ersten und nicht im Zweiten Weltkrieg.[89]

Die Artikel 227 bis 231 des Versailler Vertragswerkes, vor allem aber die sogenannte Mantelnote des französischen Ministerpräsidenten Clemenceau vom 16. Juni 1919, stellten den engen Zusammenhang von der „Schuld am Kriege" und der „Schuld im Kriege" heraus. Die Reparationsforderungen wurden damit begründet, dass das Kaiserreich ebenso für den Weltkrieg verantwortlich sei wie es sich einer barbarischen Kriegsführung schuldig gemacht habe. Doch die Weimarer Republik war nicht bereit, die Kriegsverbrechen der gestürzten Hohenzollern-Monarchie zu verurteilen. Die Stoßrichtung der nicht zuletzt auch immer wieder von Hindenburg propagierten Unschuld Deutschlands an der Entfesselung des Ersten Weltkrieges richtete sich gegen den Versailler Friedensvertrag und die Deutschland auferlegten Wiedergutmachungen. Eine Anerkennung z.B. der Gräueltaten in Belgien im August 1914 stand dem Ziel der deutschen Nachkriegspolitik, die Bestimmungen des Friedensvertrages zu revidieren, direkt entgegen. Auch vor diesem Hintergrund wäre es historisch-politisch unverantwortlich, weiter an Hindenburgstraßen festzuhalten.

Es geht auch anders – oder die besondere Verpflichtung Hannovers für Th. Lessing

Es ist nie verkehrt, mal über den eigenen Tellerrand hinauszuschauen. So hat es in Münster seit Ende der 1990-er Jahre einen lang andauernden Streit über Hindenburg als weiteren Namensgeber für einen großen Platz gegeben. Seit 2012 intensivierte sich die Debatte nochmals. Vieles von dem, was für ihn ins Feld geführt worden ist, findet sich bei den Befürwortern und Gegnern der Umbenennung in Hannover wieder. Doch ist in Münster die Debatte nicht mit derart harten Bandagen und allzu eingeengt geführt worden wie in der niedersächsischen Landeshauptstadt. Vielmehr wurde das Für und Wider so sachlich wie irgendmöglich erörtert und – anders als in Hannover – öffentlich diskutiert.[90] Es gab auch kein Gutachten von Historikern und Juristen.

Interessant in diesem Zusammenhang dürfte die Einschätzung von Friedrich von Mansberg sein, Chefdramaturg am Theater Lüneburg und seit Januar 2018 Vorsitzender der Lüneburger SPD. In seiner Stellungnahme für die Umbenennung der örtlichen Hindenburgstraße sprach er sich dafür aus, „unbedingt zu berücksichtigen, dass Straßennamen eine Ehrung darstellen, nicht mehr und nicht weniger. Sie sind kein Instrument der Geschichtsaufarbeitung. Sie eignen sich nicht zur kritischen Würdigung einer komplexen Persönlichkeit. Sie verweisen auf die Verdienste einer Person, für diese Stadt und oder weit darüber hinaus. Und das wird auch durch die Anbringung von Hinweisschildern nicht anders." Zugleich verdeutlichte er: „Das alles ist natürlich nicht in erster Linie eine Aufgabe der Verwaltung. Es ist unsere Aufgabe!"[91]

In Münster fand alles weitgehend so statt, dass jedem Interessierten die Argumente für das Für und Wider zugänglich waren. Das Ergebnis und die Schlussfolgerungen fasste Markus Lewe, Oberbürgermeister von Münster und Mitglied der CDU, sich dabei auf die Um- bzw. Rückbenennung des Hindenburgplatzes in Schlossplatz beziehend, mit den Worten zusammen: „Das bisherige Namenspatronat Hindenburgs ist angesichts jüngerer wissenschaftlicher Erkenntnisse und eines dadurch veränderten Geschichtsbildes nicht mehr haltbar. Hindenburg wollte hinter die Demokratie von Weimar zurück und die freiheitliche Ordnung in eine autoritär-obrigkeitliche umwandeln."[92] Dem ist nichts hinzuzufügen, außer vielleicht der Hinweis, dass die Befürworter von Hindenburgstraßen einmal darüber nachdenken und sich nicht weiter für eine Persönlichkeit stark machen sollten, die unserem heutigen Verständnis republikanischer Werte diametral entgegengesetzt ist.

In Hannover kommt noch etwas anderes hinzu. Über dem Hindenburgstreit schwebt, obwohl bislang nicht genannt: Theodor Lessing. Der niedersächsischen Landeshauptstadt erwächst durch ihn eine besondere Verantwortung: nicht in erster Linie für Hindenburg, sondern für Lessing. Ihn bei der Straßenumbenennung weiter zu ignorieren, würde einer Geschichtsvergessenheit das Wort reden, die sich vielleicht nie mehr korrigieren ließe. Es geht um die Frage: Wer steht höher im Kurs – Lessing oder Hindenburg? Von ihrer Beantwortung hängt es ab, ob man sich weiter mit einem Makel belasten oder ob man sich davon – wie von Hindenburg – nicht nur halbherzig, sondern freudig verabschieden will.

An Lessings schreckliches Ende erinnerte man sich in Hannover und anderenorts in den Jahrzehnten nach 1945 nicht gern. Auch nicht an die Boykotthetze von 1924 bis 1926, die jeder in Hannover mitbekommen hatte. Dennoch oder gerade deshalb tat man weiter so, als sei er nie existent gewesen. Dem Artikel „Theodor Lessing und die Gegenwart" von Albert Droste, in dem in Hannover erschienenen Wochenblatt „Das Andere Deutschland" am 25. August 1958 veröffentlicht, sind die zutreffenden Worte vorangestellt: „Verfolgt, ermordet, totgeschwiegen". Man habe es Lessing nicht verziehen, dass er „durch seine kulturphilosophischen Schriften und seine wagemutigen Vorlesungen die abendländische Kultur als Totentanz des Geistes entlarvt hat ... Die Wahrheiten, die er enthüllte, waren zu unbequem und gefährlich." Sodann der zunächst in eine Frage gekleidete Appell: „Gehört Theodor Lessing noch immer zu den Vergessenen? Aber da viele von den Erkenntnissen, die er zu vergeben hatte, unmittelbare Beziehung zur Gegenwart besitzen, darf er nicht zu den Vergessenen gehören! Es ist notwendig, sein Werk und seine Persönlichkeit freizulegen von den Verzerrungen, die seine Gegner verursacht haben." Wichtig auch der Hinweis: „Aber für einen großen Teil der Dozentenschaft und Studierenden blieb er immer ein Außenseiter, ein Bohemien der Wissenschaft; dabei galt sein Kampf vor allem der Jugend, die er zweimal davor bewahren wollte, auf den Schlachtfeldern Europas für die Erhöhung der Rüstungsdividende niedergemetzelt zu werden. Aber die Jugend ließ Theodor Lessing in Stich ... Zweifellos", stellt Albert Droste klar, „war Theodor Lessing ein komplizierter Mensch, ein Charakter, reich an Widersprüchen, ironisch, von sich selbst überzeugt und voll Verachtung für alles Schablonenwissen. Als die Springflut der Hetze Theodor Lessing seiner Lehrtätigkeit entriss, schrieb Professor Dr. Hans Driesch eine Beurteilung, der selbst Gegner zustimmen können: ‚Denen, die Lessing noch nicht kennen, sage ich nun dieses, dass ich nicht anstehe, Theodor Lessing für den Kulturphilosophen seiner Zeit zu erklären, welcher in seinem Werk ‚Der Untergang der Erde am Geist' den tiefsten Blick in die Stellung des Menschen zum Universum getan hat, den zu tun unserer Zeit vergönnt gewesen ist. Seit Nietzsche und Schopenhauer haben wir nichts Ähnliches, seither ist von keinem in gleicher Weise die tiefe Tragik, die ‚der Geist' in die Welt gebracht hat, so erschütternd geschildert worden und doch so ergeben und demütig, und trotz allem so hoffnungsvoll.'" Und am Schluss des Artikels heißt es: „Wer kennt heute Theodor Lessings Werke? Ist die Jugend unserer Zeit bereit, das Werk des Denkers und Dichterphilosophen, der 1921 mit dem Strindbergpreis ausgezeichnet wurde, neu zu entdecken, es zu deuten und es weiter zu leben?" „Das Andere Deutschland" blieb sich in seiner Parteinahme für Th. Lessing treu. Unter dem Titel „Der Fall Lessing" veröffentlichte es in der Ausgabe vom 27. Juni 1925 einen Artikel, in dem Rolf Reißmann[93] Th. Lessing als einen der „lebendigsten, weltschauendsten und fruchtbarsten deutschen Geister" bezeichnet. Wenn er hervorhebe, dass Pflichtgefühl und moralische Bravheit in Hindenburg einen größeren Platz einnähmen, so sei das ein selbstverständlicher Befund. „Dass Hindenburg nicht imstande sei, die Doppelnatur alles Lebendigen zu übersehen, sondern, unbewusst einseitig, sich gerade durch die Einseitigkeit zum Symbol eigne – diese Ausführung hält sich durchaus im Rahmen charakteriologischer Feststellung." Lessings unbestechlich-wissenschaftliches Urteilsvermögen und seine aufrechte Haltung quittierten die Behörden und seine Kollegen mit einem Disziplinarverfahren. „Aber gewiss", schlussfolgert Reißmann treffend, „in Hannover wird die Lehrbefähigung nicht am Grade der Wissenschaftlichkeit, sondern am Grade der ‚Gesinnung' gemessen."

Wenn man sich den Streit um die Hindenburgstraße vor Augen führt, ist man geneigt zu sagen, dass sich Manches daran offenbar nur in Nuancen geändert hat. Zur Lehrbefähigung, so Reißmann, gehöre nicht „wissenschaftlicher Geist, sondern ‚vaterländischer' Geist. Wer die Welt sachlich und klar betrachtet, also wissenschaftlich, der hat – die Hannoverschen Studenten haben es genau gefühlt – auf ihrer Hochschule nichts mehr zu suchen." Da Lessing bislang bei der Frage nach der Umbenennung der Hindenburgstraße bislang keine Rolle gespielt hat – ist daraus abzuleiten, dass er damit nichts zu tun hat?

Nicht Hindenburg, sondern dessen Kritiker ehren

Anders verhielt es sich nach 1945 mit der Erinnerung an Hindenburg. Ihm haftete seit dem Sieg von Tannenberg im September 1914 der Nimbus des Unbesiegbaren und eines „Halbgottes" an (H. von Gerlach).[94] Man überschätzte seine militärischen Fähigkeiten maßlos, hielt ihn für so genial und überlegen, dass kaum jemand Bedenken äußerte an dem künftigen Sieg über die Feinde. Wer dennoch daran zweifelte, setzte sich im Ersten Weltkrieg dem Verdacht aus, ein Vaterlandsverräter zu sein. Hindenburg galt als unantastbar.[95] Daran hat sich auch in der Bundesrepublik nach 1949 lange nichts geändert. Eine Auseinandersetzung mit denen, die den Nazis den Weg bereiten halfen, fand nicht statt – und so blieben die Hindenburgstraßen erhalten. In ihnen drückt sich bis heute ein wenig rühmlicher Umgang der Deutschen mit ihrer Vergangenheit aus.

Wer – aus welchen Gründen auch immer – will, dass Straßen heute weiterhin Hindenburgs Namen tragen, entehrt zugleich dessen Kritiker. Letztere sind wie Theodor Lessing zumeist vergessen oder vergessen gemacht worden. An ihre Einschätzungen, Haltungen und Prognosen zu erinnern, ist im Sinne einer republikanischen Traditionspflege würdiger, als weiter an Hindenburg festzuhalten. Stellvertretend für viele weitere Kritiker Hindenburgs seien Hein Herbers und der bereits erwähnte Marine- und Kolonialoffizier Hans Paasche genannt.

Herbers, vor 1933 für das Feuilleton der Wochenzeitung „Das Andere Deutschland" verantwortlich, publizierte in dem Blatt am 4. Mai 1929 den Artikel „Willst Du lange leben? – Werde General!"[96] Ein unveränderter Nachdruck erschien am 1. Januar 1932 in der „Sozialistischen Arbeiterzeitung". Herbers wies darauf hin, dass die Generale – neben Ferdinand Foch, Helmuth von Moltke, Patrice de Mac-Mahon und anderen hohen Offizieren führte er auch Hindenburg an – „sich dem Heldentod mit vielem Geschick entzogen". Und: „Ihre einzige Beziehung zum Heldentod besteht darin, dass sie andere hineinschicken." Herbers gehörte zu den schweren Kriegsbeschädigten und war als Studienassessor seit 1928 im Staatsdienst in Kassel tätig.

Wie im „Fall Lessing" bauschten nationalistische und völkische Kreise den Artikel zu einer „unerhörten Schmähung des Reichspräsidenten und der Heerführer der alten Armee" auf und forderten Herbers' Entfernung aus dem Schuldienst. Die „Vaterländischen Verbände" und die chauvinistisch-militaristische Presse, die Rechtsparteien und vor allem die Nationalsozialisten, allen voran der damals noch als Stadtverordneter in Kassel tätige Roland Freisler, entfachten eine Hetzkampagne gegen Herbers und bezichtigten ihn, Hindenburg beleidigt zu haben. Am 4. Februar 1932 wurde Herbers an ein Gymnasium in Frankfurt am Main versetzt. Gleichwohl setzte die nationalistische Phalanx ihren Feldzug gegen ihn fort und kündigte an: „Herr Herbers und Genossen mögen in diesem Falle einmal zu spüren bekommen, dass das national gesinnte Deutschland jene pazifistischen Gemeinheiten ein für alle Mal satt hat und zu kräftigem Gegenstoß ausholt." Am 13. Februar ließ der preußische Kultusminister Adolf Grimme ein Disziplinarverfahren gegen Herbers eröffnen. Teile der republikanischen Presse sowie bedeutende Pazifisten wie Kurt Tucholsky und Paul Oestreich ergriffen für ihn Partei. Theodor Lesssing schrieb ihm am 7. März 1932 einen warmherzigen Brief, in dem er seine Sympathie für seine Haltung ausdrückte und ihn ermunterte, sich nicht beirren und entmutigen zu lassen. Herbers bezeichnete Lessing später als seinen „Lehrer und Freund".[97] Schließlich verlor der einstige Kriegsfreiwillige Herbers seine Stellung als Lehrer unwiderruflich nach der Ernennung Hitlers zum Reichskanzler durch Hindenburg.

Hans Paasche betrachtete Hindenburg wie Ludendorff als Protagonisten des „Gehirnzustandes General". Sie repräsentierten einen „Geisteszustand von Sklaven" und symbolisierten die „Unfreiheit eines Volkes". In seiner Flugschrift „Das verlorene Afrika" (1919) mahnte er weitsichtig: „Ehe das Volk nicht durchsetzt, dass alle Hindenburgstraßen in Eisnerstraßen umgetauft werden, und zeigt, dass es zwischen Gewalt und Geist unterscheiden kann, ist keine Hoffnung, dass Deutsche in die Welt hinausgehen dürfen. Dem freien Deutschland steht die Welt offen; den Knechten mag ihr Land zu einem Zuchthaus werden".[98] Offenbar gibt es in unserem Lande noch viele, die sich vom „Gehirnzustand General" nicht lösen wollen oder können.

Für eine Loebenstein-Lessing-Straße

Theodor Lessing wäre der Letzte gewesen, der sich gegen eine Erinnerung an Lotte-Lore Loebenstein gewandt oder sich selbst in den Vordergrund gerückt hätte. Doch es dabei zu belassen, ginge wohl an den Verpflichtungen vorbei, die Hannover Lessing gegenüber hat bzw. haben sollte. Wie L.-L. Loebenstein war er ein Opfer des NS-Regimes, nicht nur, weil er als Jude, sondern auch als Sozialist und Pazifist galt, und weil er sich lange vor 1933 gegen die Rechtsentwicklung und Zerstörung der Weimarer Republik sowie gegen die deutschvölkische Ideologie und deren menschenverachtende Ziele gewandt hat. Doch die Warnungen Lessings wie anderer Gegner vor dem Bündnis von Hakenkreuz und Stahlhelm verhallten ungehört, und so musste, weil man den Aufrufen zu einem breiten, über die Parteiinteressen hinausgehenden Einheitsfront gegen die chauvinistisch-republikfeindlichen Kräfte nicht folgte, schließlich auch L.-L Loebenstein als junges Mädchen ihr noch vor ihr liegendes Leben lassen. Ihre Schicksale sind in einer Weise miteinander verbunden, wie es in Hannover und anderenorts sonst nicht der Fall sein dürfte. Einer Straße ihrer beider Namen zu geben und sie nicht weiter einer Persönlichkeit vorzubehalten, der ein überaus besonderer Anteil an der Etablierung des Dritten Reiches zukommt, wäre mehr als nur von symbolischer Bedeutung – vielleicht sogar über Hannover hinaus.

Noch ist die Chance gegeben, in Hannover mehr als nur ein Zeichen zu setzen. Es wäre ein Akt der Wiedergutmachung für zwei viel zu früh aus dem Leben gerissene Menschen. Zugleich schlage ich vor, den alljährlich wiederkehrenden Geburtstag von Theodor Lessing künftig für eine Gedenkveranstaltung vorzusehen, die an ihn erinnert und dabei vor allem sein Engagement gegen Antisemitismus, Rassismus, Rechtsextremismus, völkisches Denken und Unterdrückung sowie für Freiheit, soziale Gerechtigkeit und den Erhalt und Ausbau der Demokratie in den Vordergrund gestellt werden sollte. Mehr ist auch an Schulen und Bildungseinrichtungen zu tun. Warum sollten Schülerinnen und Schüler z.B. Lessings Engagement für eine Welt ohne Raubbau an der Natur oder ohne weitere Verletzung der Interessen und des Lebensrechtes der einst von den Europäern beherrschten Völker nicht verstehen?

Die bisherige Hindenburgstraße sei daher hälftig nach Lotte-Lore Loebenstein und Theodor Lessing bzw. Ada und Theodor Lessing benannt. An den Kosten sollte es nicht scheitern. Falls erforderlich oder ratsam, weil der Bürgerwille sich nicht zur Entwöhnung von Hindenburg entschließen mag, sollte die Stadt Hannover eine Lanze für Lessing brechen und dafür aufkommen. Zwar hat sie nicht selbst an Ada und Theodor Lessing durch die Herabstufung und schließlich das Einstellen ihrer Bezüge ab 1933 viel „gespart", sondern das preußische Kulturministerium. Letzteres aber gibt es nicht mehr – für Hannover umso mehr ein Grund, sich als zuständig zu empfinden.

Der Betrag dürfte mehr als ausreichen, um die Kosten auszugleichen. Da es ums Geld geht: Hannover sollte sich im „Fall Lessing" nicht lumpen lassen – um nicht später mit der Schmach behaftet zu sein, ihren wohl bedeutendsten Republikaner und Sozialdemokraten vor 1933 erneut im Stich gelassen zu haben.

Und ein Letztes. Mit Rainer Marwedel verfügt Hannover über einen sehr gründlichen, wenn auch eigenwilligen Kenner des Lebenswerkes und geistigen Erbes Theodor Lessings. Mit der Biografie über ihn hat er sich bereits große Verdienste erworben. Ihn bei der Herausgabe der Schriften Lessings zu unterstützen, sollte der Stadt Hannover und dem Land Niedersachsen ein besonderes Anliegen sein.

Anmerkungen

1 Der Artikel abgedruckt in: Hans Paasche, „Ändert Euren Sinn!" – Schriften eines Revolutionärs. Hrsg von Helmut Donat und Helga Paasche [= Schriftenreihe Geschichte & Frieden, Bd. 2], Bremen 1992, S. 205

2 Vgl. hierzu den Beitrag von Hans Mayer, Der unzeitgemäße Theodor Lessing. In: Th. Lessing, Einmal und nie wieder. Lebenserinnerungen. Hrsg. von Helmut Donat unter Mitwirkung von Jörg Wollenberg [= Schriftenreihe Geschichte & Frieden, Bd. 50], Bremen 2022, S. 28

3 H. Paasche, Das verlorene Afrika. In: Ders., „Ändert Euren Sinn!" S. 233. Mit dem „Scheusal" ist der Vater Paasches gemeint.

4 So nach dem Klappentext zur Ausgabe der Lebenserinnerungen von 1969 sowie dem Vorwort von Otokar Fischer zum Original von 1935

5 Vgl. http://www.gundlachstiftung.de/theodor-lessing/theodor-lessing.html

6 Vgl. https://www.hannover.de/Kultur-Freizeit/Architektur-Geschichte/Erinnerungskultur/ZeitZentrum-Zivilcourage/Meldungen/Gedenken-an-Theodor-Lessing

7 Als Beispiel sei „Das Schreckenshaus – Theodor Lessing als Lazarettarzt in Hannover (1914-1918)" genannt. Dazu gibt es ein „Begleitheft zur Lesung mit Ulrich Breden und Rainer Marwedel am historischen Ort, Polizeidirektion Hannover, Alte Kriegsschule, Waterloostraße 11, am Donnerstag, 22. Mai 2014". Erwähnenswert auch die von Professor Madjid Samii im International Neuroscience Institute veranstaltete Lesung mit Texten Th. Lessings von R. Marwedel am 29. Novermber 2017

8 Vgl. dazu https://thela-wernstedt.de/meldungen/gedenken-an-die-ermordung-theodor-lessings-am-30-august-1933

9 Th. Lessing, An den Reichspräsidenten. Mit einem Vorwort von Maximilian Harden und einem Nachwort von Herbert Eulenburg, Berlin 1925. Zum Teil nachgedruckt in: Th. Lessing, „Wir machen nicht mit!" Schriften gegen den Nationalismus und zur Judenfrage. Mit Zeichnungen von Alfred Hrdlicka. Hrsg. von J. Wollenberg unter Mitarbeit von H. Donat [= Th. Lessing, Ausgewählte Schriften, Bd. 2], Bremen 1997, S. 80-87

10 Vgl. Th. Lessing, Hindenburg. In: Ders., „Wir machen nicht mit!" S. 90

11 Vgl. „Was sagt Hindenburg?" Einsehbar unter magnus-schwantje-archiv.de/files/Hindenburg.pdf – Siehe dazu auch den Artikel „Zur Reichspräsidenten-Wahl". In: Mitteilungen des Bundes für radikale Ethik, Nr. 11, S. 5 f., April 1925

12 Vgl. dazu den Beitrag von J. Wollenberg in: Th. Lessing, Einmal und nie wieder,S. 437-455

13 Th. Lessing, Hindenburg. In: Ders., „Wir machen nicht mit!" S. 89

14 Der Artikel in: Staatsarchiv Bremen, Bestand 4, 65 (Polizeidirektion) – II.E.11.a.1132

15 Zitiert nach Michael Trammer, Straßenumbenennung in Hannover: NS-Wegbereiter weicht NS-Opfer. In: taz-Nord, 18.11.2020 – https://taz.de/Strassenumbenennung-in-Hannover/!5725484/

16 Siehe dazu e.government.hannover-stadt.de/lhhsimbre.nsf/TO/20180917_STBR01-P

17 Nachweis siehe Anmerkung 14

18 Vgl. hierzu H. Donat, Hinter dem Zero ein Nero. Deutsche Erinnerungskultur: Plä-

doyer für die Namensänderung von Straßen und Plätzen, die nach dem Kriegsverbrecher und Reichspräsidenten Paul von Hindenburg benannt sind. In: junge Welt, Nr. 31, S. 12 f., 6./7. Februar 2021

19 Vgl. Hannoversche Allgemeine, 18. November 2019. Das Blatt spricht von einem „Gutachten hochkarätiger Historiker", deren Empfehlung es sei, „den angestammten Namen beizubehalten – das bisherige Bild Hindenburgs sei ‚zu einseitig-negativ'." Dazu passt die reichlich übertriebene Bewertung: „Das Urteil fiel vernichtend aus."

20 Vgl. Helmut Donat, Bernd Neumann und die Wehrmachtsausstellung. In: Ders./Arn Strohmeyer (Hrsg.), Befreiung von der Wehrmacht? Dokumentation der Auseinandersetzung über die Ausstellung „Vernichtungskrieg – Verbrechen der Wehrmacht 1941 bis 1944" in Bremen 1996/97, Bremen 1997, S. 53-65 – In dem Beitrag auch die Verfolgung von Lessing wie auch der „Fall Herbers" behandelt; vgl. auch Wolfram Wette, Ehre wem Ehre gebührt! Täter, Widerständler und Retter 1939-1945 [= Schriftenreihe Geschichte & Frieden, Bd. 24], Bremen ²2015, S. 198

21 Staatssekretär O. Meißner an A. Hitler vom 24. November 1932. In: Schulthess Geschichtskalender 1932, S. 212; zitiert nach Dieter Hoffmann, Der Skandal – Hindenburgs Entscheidung für Hitler [= Schriftenreihe Geschichte & Frieden, Bd. 46], Bremen 2020, S. 123

22 D. Hoffmann, Der Skandal, S. 123

23 Vgl. W. Görlitz, Hindenburg – Ein Lebensbild, Bonn 1953; Andreas Dorpalen, Hindenburg in der Geschichte der Weimarer Republik, Berlin/Frankfurt am Main 1966; Hubatschs Werk erschienen mit dem Untertitel „Aus den Papieren des Generalfeldmarschalls und Reichspräsidenten von 1878 bis 1934", Berlin/Frankfurt am Main/ Zürich 1966. Als sei die Zeit stehen geblieben, bieten Antiquare in der Bundesrepublik das Werk Görlitz gemäß der Verlagsankündigung von 1953 heute weiterhin als „differenziertes Bild Hindenburgs" an. Vgl. https://www.zvab.com/buch-suchen/titel/ hindenburg/autor/g%F6rlitz/

24 Von Hindenburg zu Hitler. „Der Reichspräsident war nie eine Marionette". Interview von Sven Kellerhoff mit Wolfram Pyta. Vgl. https://www.welt.de/kultur/article1534449/Der-Reichspraesident-war-nie-eine-Marionette.html

25 W. Elz, Weimarer Republik, Nationalsozialismus, Zweiter Weltkrieg (1919-1945). Zweiter Teil. Persönliche Quellen [= Quellenkunde zur deutschen Geschichte der Neuzeit von 1500 bis zur Gegenwart, Bd. 6], Darmstadt 2003, S. 8; zitiert nach https:// de.wikipedia.org/wiki/Walther_Hubatsch)

26 Vgl. W. Hubatsch, Hindenburg und der Staat, S. 117

27 George W. F. Hallgarten, Deutsche Selbstschau nach 50 Jahren. Fritz Fischer, seine Gegner und Vorläufer. In: Ders., Das Schicksal des Imperialismus im 20. Jahrhundert, Frankfurt am Main 1969, S. 69

28 Vgl. Salomon Grumbach, Das annexionistische Deutschland. Eine Sammlung von Dokumenten, die seit dem 4. August 1914 in Deutschland öffentlich oder geheim verbreitet wurden. Mit einem Anhang: Antiannexionistische Kundgebungen. Neu hrsg. von Helmut Donat. Mit einer Einleitung von Klaus Wernecke und Beiträgen von Lothar Wieland und H. Donat [= Schriftenreihe Geschichte & Frieden, Bd. 30], Bremen 2018, S. 554

29 W. Hubatsch, Hindenburg und der Staat, S. 25

30 Vgl. https://www.spiegel.de/politik/walter-goerlitz-a-88bd6a1d-0002-0001-0000-000045141554 – Görlitz war Mitarbeiter des dreibändigen Werkes „Gestalter deutscher Größe". Laut Klappentext verstand es sich – die Bände sind 1942 (!) herausgekommen – als „ein nationales Lesebuch von der Treue zum Reich, vom Glauben an den deutschen Menschen, von der Reife, der Kraft und dem Sieg Deutschen Geistes." Zwei der Ausgaben befinden sich im Besitz des Verfassers.

31 7. Jg., Heft 1/1957, S. 1117 f.

32 Vgl. https://lewweinsteinauthorblog-com.translate.goog/2015/03/19/lews-comments-on-andreas-dorpalens-hindenburg-and-the-weimar-republic/?_x_tr_sl=en&_x_tr_tl=de&_x_tr_hl=de&_x_tr_pto=nui,sc

33 Ebd.

34 Ebd.

35 A. Dorpalen, Hindenburg in der Geschichte der Weimarer Republik, S. 390

36 Zitiert nach Wolfram Wette, Die Dolchstoßlegende – eine deutsche Kriegslüge von 1918/19 und ihre Folgen. In: Ders., Ernstfall Frieden – Lernen aus der deutschen Geschichte [= Schriftenreihe Geschichte & Frieden, Bd. 38], Bremen 2017, S. 322

37 Ebd., S. 325. Von den zeitgenössischen Schriften gegen die Dolchstoßlüge seien hervorgehoben: Otto Lehmann-Rußbüldt, Warum erfolgte der Zusammenbruch an der Westfront? [= Flugschiften des Bundes Neues Vaterland, Nr. 3], Berlin 1919; Kurt Heinig, Die große Ausrede von der erdolchten Front, Berlin 1920; Vorstand des Deutschen Republikanischen Reichsbundes (Hrsg.), Die Dolchstoß-Lüge (beruhend auf den Materialien des 1925 geführten „Münchener Dolchstoßprozesses"), Berlin 1926

38 Vgl. Hellmut von Gerlach, Die deutsche Mentalität (1871-1921), Stuttgart 1922. Nachdruck in: Ders., Die große Zeit der Lüge. Der Erste Weltkrieg und die deutsche Mentalität (1871-1921). Hrsg. von H. Donat und Adolf Wild [= Geschichte & Frieden, Bd. 6], Bremen 1994, S. 173

39 Vgl. Dörte von Westernhagen, Lilli Jannasch. In: H. Donat/Karl Holl (Hrsg.), Die Friedensbewegung. Organisierter Pazifismus in Deutschland, Österreich und in der Schweiz, Düsseldorf 1983, S. 206 f. In dem Band auch ein Beitrag von K. Holl über Theodor Lessing, S. 251 f.

40 R. Grelling, Fürstenenteignung und Unschuldskampagne. In: Das Andere Deutschland, 16.10.1926. Abgedruckt in: H. Donat/Lothar Wieland (Hrsg.), Das Andere Deutschland. Unabhängige Zeitung für entschiedene republikanische Politik. Eine Auswahl (1925-1933), Königstein i. Ts. 1980, S. 91-98, hier: S. 94

41 Vgl. hierzu Oskar Stillich, Versailles – Ein Racheakt der Sieger? [= Ausgewählte Schriften, Bd. 1] Hrsg. von Helmut Donat, Bremen 2019 – siehe unter https://oskarstillich.de/produkt/band-1-versailles-ein-racheakt-der-sieger/ – ebenso H. Donat, Verfolgt, verdrängt, vergessen. Zum 75. Todestag des Pazifisten, Antifaschisten und Ökonomen Oskar Stillich. In: junge Welt, Nr. 305, S. 12 f., 31.12.2020/1.1.2021

42 Gerhard Büchner (d.i. Heinrich Ströbel), Oswald Spengler. In: Der Aufbau (Zürich), 7. Dezember 1934. Zitiert nach: Lothar Wieland, „Wieder wie 1914" Heinrich Ströbel (1869-1944) – Biografie eines vergessenen Sozialdemokraten. Mit einem Geleitwort von Hans Koschnick [= Schriftenreihe Geschichte & Frieden, Bd. 15], Bremen 2009, S. 329

43 John W. Wheeler-Bennett, Der hölzerne Titan – Paul von Hindenburg, Tübingen 1969, S. 249 f.

44 Vgl. hierzu die Darstellung https://dewiki.de/Lexikon/Pr%C3%A4sidialkabinett – Im Folgenden ist auf den ausführlichen Beitrag und die damit verbundenen Einsichten zurückgegriffen.

45 Kurt Caro/Walter Oehme, Schleichers Aufstieg – Ein Beitrag zur Geschichte der Gegenrevolution, Berlin 1933, S. 196

46 Ebd.

47 Zitiert nach dem Nachweis in Anmerkung 44

48 Ebd.

49 F. Küster, Der Hindenburgkreis. Abgedruckt in: H. Donat/L. Wieland (Hrsg.) Das Andere Deutschland, S. 243

50 So nach der in Anmerkung 44 nachgewiesenen Darstellung

51 Zu Lessings Warnungen und seiner Auseinandersetzung mit der Rechtsentwicklung vor 1933 vgl. Th. Lessing, „Wir machen nicht mit!" S. 87-118 und 195-202

52 Vgl. Oskar Stillich, Alldeutscher Verband – Wehrverbände [= Deutschvölkischer Katechismus, Heft III], Berlin 1932, S. 114 f. und 121 f. – Zu Stillich und dem Vorhaben, Schriften von ihm in Auswahl neu herauszubringen, siehe www.oskarstillich.de

53 Walter Grab, Theodor Lessings Kampf gegen den antisemitischen Nationalismus in Deutschland. In: Th. Lessing, „Wir machen nicht mit!" S. 17 f.

54 Zitiert nach ebd., S. 18

55 A. Dorpalen, Hindenburg in der Geschichte der Weimarer Republik, S. 461 f.

56 F. W. Foerster, Deutsche Geschichte und politische Ethik, Nürnberg 1961, S. 196, sowie Dorothea Groener-Geyer, General Groener – Soldat und Staatsmann, Frankfurt am Main 1955, S. 246

57 Als Beispiele seien genannt: Berthold Jacob, Die Hindenburg-Legende, Straßburg 1935; Emil Ludwig, Hindenburg oder Die Sage von der deutschen Republik, Amsterdam 1935; Bruno Buchta, Die Junker und die Weimarer Republik – Charakter und Bedeutung der Osthilfe 1928-1933, Berlin 1959; John W. Wheeler-Bennett, Der hölzerne Titan – Paul von Hindenburg, Tübingen 1969 (= Übersetzung der Ausgabe „Hindenburg – The Wooden Titan", London 1936); Wolfgang Ruge, Hindenburg. Porträt eines Militaristen, Berlin 1974; Werner Maser, Hindenburg – Eine politische Biographie, Rastatt 1989; Walter Rauscher: Hindenburg – Feldmarschall und Reichspräsident, Wien 1997; Jesko von Hoegen, Der Held von Tannenberg. Genese und Funktion des Hindenburg-Mythos (1914-1934.), Köln 2007; Anna von der Goltz, Hindenburg – Power, Myth, and the Rise of the Nazis, Oxford 2009

58 Zitiert nach D. Hoffmann, Der Skandal, S. 186

59 Ebd., S. 188

60 Ebd.

61 Ebd.

62 Zitiert nach D. Hoffmann, Der Skandal, S. 114

63 W. Görlitz, Hindenburg. Ein Lebensbild, Bonn 1953, S. 399 f.

64 Vgl. D. Hoffmann, Der Skandal, S. 98-103, sowie die tabellarische Übersicht zu den Ergebnissen des Rechnungshofes, S. 172-179

65 Wolfram Pyta, Hindenburg. Herrschaft zwischen Hohenzollern und Hitler, München 2007, S. 791. Zudem werden wichtige politische Entscheidungen oft gefällt, ohne dass es über die jeweiligen Hintergründe Quellen bzw. überlieferte Nachweise gibt. In solchen Fällen Überlegungen zu den Motiven und Ursachen als unerlaubt zu betrachten, dürfte weder hilfreich noch sinnvoll sein. Zu weiteren Kritikpunkten an Pytas Hindenburg-Bild siehe H. Donat, Hindenburg. Der korrupte Kriegsverbrecher. In: Kontext: Wochenzeitung (Stuttgart), Ausgabe 513, 27.1.2021.

66 W. Ruge, Hindenburg. Porträt eines Militaristen, Berlin 1977, S. 401

67 Hindenburgstraße: Der Sieg der Bilderstürmer – https://www.rundblick-niedersachsen.de/hindenburgstrasse-der-sieg-der-bilderstuermer/

68 Vgl. H. Donat, Keine Abkehr vom Militarismus – Hans Paasche und das Scheitern der Novemberrevolution 1918. In: Zeitschrift für Geschichtswissenschaft, 66. Jg., Heft 11/2018, S. 917-930; ders., Hans Paasche – ein deutscher Revolutionär. In: H. Paasche, „Ändert Euren Sinn!" S. 10-51; Werner Lange, Hans Paasches Forschungsreise ins innerste Deutschland – Eine Biographie, Bremen 1994; H. Donat (Hrsg. in Verbindung mit dem Rostocker Friedensbündnis), Hans Paasche – Ein Leben für die Zukunft, Bremen 2022

69 Vgl. H. Donat, Hinter dem Zero ein Nero (I). In: seemoz – Lesenswertes aus Kultur und Politik für den Bodenseeraum und das befreundete Ausland, 18.2.2021 – https://www.seemoz.de/geschichte/hinter-dem-zero-ein-nero-i/

70 Vgl. dazu H. Donat, „Weiße Raben" – Anders als Graf von Stauffenberg wird ihnen keine staatliche Ehrung zuteil: Ein neuer Band erinnert an Offiziere, die sich schon vor 1933 dem Pazifismus zuwandten. In: junge Welt, 8.12.2020, S. 12 f. – abrufbar unter https://www.jungewelt.de/artikel/392059.pazifismus-wei%C3%9Fe-raben.html

71 Zitiert nach D. Hoffmann, Der Skandal, S. 189

72 A. Dorpalen, Hindenburg, S. 392; dort auch das nächste Zitat

73 Vgl. dazu auch Stefan Carl, Missbrauch und Vertuschung – Hintergründe der Ernennung Hitlers zum Reichskanzler durch Paul von Hindenburg. In: Boyens Medien (Heide in Holstein), 20. April 2020, S. 20

74 John W. Wheeler-Bennett, Die Nemesis der Macht – Die deutsche Armee in der Politik 1918-1945, Düsseldorf 1954, S. 300

75 Ebd. Vgl. auch D. Hoffmann, Der Skandal, S. 135 f.

76 Das Schreiben befindet sich im Besitz von Geert Platner (Witzenhausen), dem ich herzlich für die Übermittlung danke. Platner war der Lehrer der damaligen Schüler.

77 Zu Hindenburgs Rolle in der OHL vgl. Vgl. Volker Ullrich, Die nervöse Großmacht 1871-1918 – Aufstieg und Untergang des deutschen Kaiserreichs, Frankfurt am Main ⁵2004, S. 526-529; ebenso Wolfram Wette, Militarismus in Deutschland – Geschichte einer kriegerischen Kultur, Frankfurt am Main 2008, S. 111-115

78 Der Protest L. Quiddes abgedruckt in: Th. Lessing, Einmal und nie wieder, S. 443

79 Erschienen mit einem Geleitwort von Heribert Prantl und dem Untertitel „Verbrechen und Verbrecher des 20. Jahrhunderts" als Bd. 34 der „Schriftenreihe Geschichte & Frieden", Bremen 2015; zu den Einträgen über Hindenburg und Ludendorff siehe dort, S. 44-47 und 52 f.

80 Der alte militaristische „Geist". In: Bremer Arbeiter-Zeitung, 4. Jg., Nr. 144, S. 2, 22. Juni 1921

81 Siehe Julian Schletz, Die politische Vereinnahmung des Kyffhäusers. Einblicke für einen aufgeklärten Tourismus – https://www.uni-weimar.de/fileadmin/user/fak/architektur/professuren_institute/Denkmalpflege_und_Baugeschichte/Lehre/Studentische_Projekte/Kyffhaeuser/Dokumentation_Die_politische_Vereinnahmung_des_Kyffhaeusers.pdf

82 Vgl. Karl-Heinz Janßen, Tannenberg – Der größte Sieg und die schlimmen Folgen. In: Ders., Und morgen die ganze Welt… Deutsche Geschichte 1871-1945, Bremen 2003, S. 90; vgl. auch J. Wheeler-Bennett, Der hölzerne Titan, S. 325

83 W. Ruge, Hindenburg, S. 243

84 Ebd., S. 243 f.

85 Ebd., S. 244. Hindenburg, der mit diesen Worten den Erwartungen der Nationalisten und Militaristen entsprach, brachte sicher zum Ausdruck, was die überwiegende Mehrheit des deutschen Volkes dachte. Im Ausland hingegen nährten sie die Zweifel an der Aufrichtigkeit der deutschen Erfüllungspolitik. Vgl. J. Wheeler-Bennett, Der Hölzerne Titan, S. 327

86 Dazu gehörten u.a. die Durchsetzung des uneingeschränkten U-Boot-Krieges; die Verschleppung von Zehntausenden Belgiern als Zwangsarbeiter nach Deutschland; die unverhältnismäßigen Bombardements von offenen Städten (Paris und London); die Deportation von Zehntausenden von französischen Bürgern der Städte Lillie, Roubaix und Turcoing, vor allem von Frauen und Mädchen und ihre Verwendung zum „Arbeitsdienst"; die Festnahme von sogenannten „Geiseln" im Januar 1918 und Abtransport von 600 Franzosen als „Vergeltungsgefangene" in Konzentrationslager in das von deutschen Truppen besetzte Litauen; die von der OHL im Herbst 1918 und wenige Wochen vor Ende des Krieges auf dem Rückzug der deutschen Truppen angeordnete Flutung von Kohlebergwerken in Belgien und Nordfrankreich nebst planmäßiger Zerstörung von Industrieanlagen, Bahnverbindungen und Obstplantagen; die Errichtung einer De-facto-Militärdiktatur zwecks Durchsetzung eines totalen Krieges („Hindenburg-Programm") und dadurch unnötige Verlängerung des Völkermordens. Vgl. dazu auch H. Donat, Armenien-Retter Otto Liman von Sanders und die „Ehre der deutschen Armee". In: Muriel Mirak-Weißbach, Retter oder Täter? Ein General zwischen Staatsräson und Moral: Otto Liman von Sanders und der Völkermord an den Armeniern [= Schriftenreihe Geschichte & Frieden, Bd. 49], Bremen 2022, S. 180 f.

87 F. Riedel, Das Gesicht des Krieges – Le visage de la guerre – The Face of War. Kriegsfototagebuch des Leutnant Armin Stäbler, Leinfelden-Echterdingen 2006, S. 115; siehe dort auch die Fotos, S. 120-129

88 Zitiert nach F.W. Foerster, Das ewige Reparationsproblem. In: Die Zeit – Organ für grundsätzliche Orientierung, 1. Jg., Heft 21, S. 657. Foerster weist in dem Artikel darauf hin: „Die allmeisten Deutschen haben keine Ahnung davon, dass der größere Teil der Reparationen auf planmäßige Zerstörungen zurückgeht, die gar keinen Zusammenhang mit der Kampfhandlung hatte." Ebd., S. 659. Daran hat sich bis heute nichts geändert. Zudem berichtet Foerster über die systematische Zerschlagung von Stahlwerken. Auch in der Rede des britischen Premierministers David Lloyd George auf der Londoner Konferenz vom 3.März 1921 heißt es: „Das deutsche Volk hat keine Ahnung von der Verwüstung, die in den alliierten Ländern ange-

richet worden ist." Siehe Helmut Donat, Armenien-Retter Otto Liman von Sanders, S. 192 f.

89 Vgl. Michael Geyer, Rückzug und Zerstörung 1917. In: Gerhard Hirschfeld/Gerd Krumeich/Irina Renz (Hrsg.), Die Deutschen an der Somme 1914-19. Krieg, Besatzung, Verbrannte Erde, Essen ⁵2016, S. 231-247; Geyer bezeichnet die Aktion „Alberich" als einen „ungeheuren Akt der Zerstörung", der „vorwärts der Linie von Arras bis Laon das zivile Leben vollständig zerschlug und eine historische Landschaft zu einer Wüste werden ließ." (S. 246) Und: „Was in diesen Wintermonaten stattfand, war zuerst die Ausarbeitung, dann die Durchführung – also im wahrsten Sinne des Wortes: die Erfindung – des Vernichtungskrieges oder jedenfalls eines seiner zentralen Aspekte: der Krieg der Verbrannten Erde." Der Gegner sollte „ein völlig ausgesogenes Land vorfinden". Die Zerstörungen betrafen, wie es im militärdeutsch heißt: „Straßen, Brücken, Kunstwasserstraßen, Schleusen, Ortschaften und alle Vorräte und Anlagen, die von uns nicht zurückgeführt werden, aber dem Feind von irgendwelchem Nutzen sein könnten." Neben „Überschwemmungen, Abbrennen von Geländebedeckungen, Zerstörung ständiger [elektrischer] Leitungen" (S. 240 f.) ging es darum, das Gebiet vollständig zu entvölkern, genannt „Einwohnerabschub" (S. 244). Betroffen waren etwa 150 000 Personen, die innerhalb von drei Wochen entweder zu Fuß oder mit „Gemüsezügen" in das besetzte Nordfrankreich oder Belgien verfrachtet wurden. „Der Abschub", schreibt Geyer, war in der Tat eine ‚harte Maßnahme', aber die Praxis machte ihn noch härter als gedacht." (S. 245) Der deutsche Generalstab und Hindenburg und Ludendorff zeichneten für etwas völlig Neues in der Weltgeschichte verantwortlich: eine Kriegsführung im beginnenden 20. Jahrhundert, die Zivilisten in einem großräumigen Gebiet zu Objekten machte. Die Systematik und die Kaltblütigkeit, mit der man vorging, dürfte nicht von ungefähr an das „Dritte Reich" erinnern. Deutsche Gründlichkeit im Zusammenspiel mit menschenverachtenden Maßnahmen! Alles bewegliche Hab und Gut der Einwohner wurde wegtransportiert und im deutschen Interesse einverleibt. Dazu zählten der gesamte Großviehbestand, die Lebens-, Futter- und Saatmittel. Doch das war noch nicht alles. Geyer verdeutlicht: „Alle Metalle wurden gesammelt, Lager von Kleidungen, Möbel und Wohnungseinrichtungen sowie Haushaltsgeräte beschlagnahmt und zurückgeführt. Die Liste der ‚Vorräte des Landes und [der] Gegenstände aller Art, die für das Heer von Nutzen sind", wurde trotz aller Knappheit der Transportmittel lang und länger." (S. 243 f.) Hier fand eine Ausplünderung unter Missachtung jedweder Mitmenschlichkeit statt, bei gleichzeitiger Nutzbarmachung allen geraubten Gutes für eigene Zwecke. Es gab dafür keine militärische Notwendigkeit. Vor allem ging es um eine Abschreckung auf ganzer Linie, wobei man offenbar hoffte, damit der Kampfkraft des Gegners einen schweren Schlag zu versetzen. Das Gegenteil dürfte beim Anblick des dem Erdboden gleichgemachten Gebietes der Fall gewesen sein.

Um sich das Ausmaß der Zerstörungen vorzustellen, sei ein Vergleich mit der Flutkatastrophe 2021 erlaubt, die Teile von Rheinland-Pfalz und Nordrhein-Westfalen betroffen hat; sie stellt sich im Unterschied zu der von Menschenhand bewirkten Plattmachung der historischen Kulturlandschaft in Frankreich von 1917 als „glimpflich" dar. Das mag den heutigen Zeitgenossen vor Augen führen, in welche „Nachbarschaft" sie geraten, wenn sie die dafür Verantwortlichen weiterhin – in welcher Form auch immer – als traditionswürdig betrachten.

90 Ehre, wem Ehre gebührt?! Meinungsbildung zum Hindenburgplatz – Siehe https://www.muenster.de/stadt/strassennamen/hindenburg_meinungsbildung.html – Hier auch einsehbar der sehr lesenswerte Vortrag von Hans-Ulrich Thamer, Vom Umgang mit Straßennamen – Der Fall Hindenburg. Darin heißt es u.a.: „Natürlich hat es schon immer kritische Stimmen zur verhängnisvollen Rolle Hindenburgs im Jahre 1933 gegeben. Doch die Mehrheit wollte in den Jahrzehnten der Nachkriegszeit in Hindenburg ausschließlich einen demokratisch gewählten und verfassungskonformen Reichspräsidenten sehen, der schließlich keine andere Wahl gehabt hätte, als Hitler mit der Reichskanzlerschaft zu betrauen und der dabei Opfer fremder Einflüsterer war … Zu einer flächendeckenden Umbenennung der vielen meist zentral gelegenen Hindenburg-Straßen und -Plätze ist es nicht gekommen. Noch heute gibt es knapp 400 Namensgebungen dieser Art. In der Hindenburg-Rezeption, wie sie sich auf den Straßenschildern spiegelt, lassen sich nicht nur einzelne Etappen der Wirkungsgeschichte unterscheiden, sondern auch verschiedene Bilder von Hindenburg selbst, die sich überlagern."

91 SPD-Fraktion im Lüneburger Stadtrat. Umbenennung der Hindenburgstraße; https://spd-ratsfraktion-luenburg.de/umbenennung-der-hindenburgstrasse

92 Ebd.

93 Dr. R. Reißmann lebte 1925 in Köln. Es ist bezeichnend, dass auch jene, die sich für Lessing verwandt haben ebenso weithin vergessen sind wie er selbst! Möglicherweise handelt es sich um jenen R. Reißmann, der 1947 als Redakteur der illustierten Wochenzeitung „Die neue Demokratie im Bild" tätig war und an dem Drehbuch für das Filmdrama „Das verlorene Gesicht" (1948) von Kurt Hoffmann mitgewirkt hat. Hinweise auf die Identität von R. Reißmann sind willkommen.

94 Vgl. Hellmut von Gerlach, Die deutsche Mentalität (1871-1921), Stuttgart 1922. Nachdruck in: Ders., Die große Zeit der Lüge, S. 169

95 Ebd.

96 Hierzu wie zu der folgenden Schilderung vgl. die überaus verdienstvolle Biografie von Reinhold Lütgemeier-Davin, Hakenkreuz und Friedenstaube – Der Fall Hein Herbers" (1895-1968), Frankfurt am Main 1988, insbesondere S. 154-233. – Nach 1933 emigrierte Herbers in die Niederlande, wo er als Pädagoge arbeitete und nach 1945 blieb. Die spätere Königin Beatrix wählte ihn zu ihrem Vertrauenslehrer. Nach dem Zweiten Weltkrieg publizierte er weiterhin viele Artikel im „Anderen Deutschland".

97 Ebd., S. 207 f.

98 Siehe H. Paasche, „Ändert Euren Sinn!" S. 233